Manon Bédard

PEQUEÑA Y GRAN COCINA VEGETARIANA

Dibujos de Chrys Jay Assee

Título del original francés:
PETITE & GRANDE CUISINE VEGATARIENNE

© De la traducción: M.ª Luz González.
© 1980. Les Éditions del l'homme, division de sogide ltée.
© 1995. De esta edición, Editorial EDAF, S. L., por acuerdo con Les Éditions del l'homme, Montreal (Canadá).

Editorial EDAF, S. L.
Jorge Juan, 30. 28001 Madrid
http://www.edaf.net
edaf@edaf.net

Ediciones-Distribuciones Antonio Fossati, S.A. de C.V.
c/ Sierra Nevada, 130 -Colonia Lomas de Chapultepec
C.P. 11000 México D.F.
edafmex@edaf.net

Edaf del Plata, S. A.
Chile, 2222
1227 - Buenos Aires, Argentina
edafdelplata@edaf.net

Edaf Antillas, Inc
Av. J. T. Piñero, 1594 - Caparra Terrace (00921-1413)
San Juan, Puerto Rico
edafantillas@edaf.net

Edaf Antillas
247 S.E. First Street
Miami, FL 33131
edafantillas@edaf.net

Edaf Chile, S.A.
Huérfanos, 1178 - Of. 506
Santiago - Chile
edafchile@edaf.net

Queda prohibida, salvo excepción prevista en la ley, cualquier forma de reproducción, distribución, comunicación pública y transformación de esta obra sin contar con la autorización de los titulares de propiedad intelectual. La infracción de los derechos mencionados puede ser constitutiva de delito contra la propiedad intelectual (art. 270 y siguientes del Código Penal). El Centro Español de Derechos Reprográficos (CEDRO) vela por el respeto de los citados derechos.

2.ª edición, marzo 2007

ISBN de la colección: 84-414-1248-0
ISBN: 84-414-1238-3
Depósito Legal: M. 13.339-2007

PRINTED IN SPAIN   IMPRESO EN ESPAÑA

Anzos, S. L. - Fuenlabrada (Madrid)

A mi marido, Brian

Agradecimientos

Doy las gracias a Brian, mi marido, por haberme animado y apoyado, por haber ido tan a menudo al mercado y por haber aceptado degustar mis 1.001 platos; doy las gracias a mis amigos, a mis alumnos y a todos aquellos que me han ayudado, por haberme dado... la razón; a Luisa, por haberme hecho adquirir perseverancia; y al Creador de este maravilloso universo, por haberme comunicado su energía.

¡Que estas pocas hojas siembren un grano de amor en vuestra mesa de todos los días!

Prefacio

Todos los caminos llevan a Roma... ¡y todos los tipos de alimentación pueden satisfacer las necesidades nutritivas de un individuo!

El vegetarianismo, considerado durante mucho tiempo como una alimentación «marginal e incompleta», es considerado ahora por numerosos nutricionistas como la alimentación del porvenir, respetando a un tiempo la salud del hombre y su entorno.

En el contexto norteamericano, el equilibrio nutritivo en una alimentación vegetariana necesita a menudo un bagaje adicional de conocimientos dietéticos y culinarios. Ante todo, se debe aprender a reemplazar eficazmente la carne, las aves o el pescado por proteínas vegetales, sin tener que recurrir a un consumo demasiado fuerte de productos lácteos, por ejemplo. A continuación, se parte en busca de nuevas recetas para preparar de forma sabrosa alimentos casi desconocidos hasta ahora: cereales, granos, leguminosas e incluso algunas legumbres.

El libro de Manon Bédard responde perfectamente a la segunda necesidad de los «neovegetarianos», ofreciendo más de 150 recetas que van desde la sopa hasta el postre. Hace protagonistas a una gran variedad de legumbres, de cereales a semillas integrales, de frutos frescos, y anima a adquirir el gusto por preparar diversos alimentos en casa: pan, pastas, manteca de cacahuete, yogur... ¡y para qué seguir! La cocina del autor abre paso a sabores inéditos y frescos, gracias a la juiciosa utilización de alimentos de la época, de hierbas frescas y de especias hechiceras. El autor opta por los alimentos «naturales», pero no los impone: el agua del grifo, la sal de mesa o los huevos de la tienda de la esquina pueden reemplazar el agua de manantial, la sal marina y los huevos orgánicos. Sus recetas no contienen, a rasgos generales, demasiado azúcar ni grasa, del tipo que sea.

¡Este libro abre el apetito y realmente puede contribuir a ensanchar el repertorio de las recetas saludables!

Louise Lambert-Lagacé

Prólogo

¿Por qué una cocina vegetariana?

Indudablemente, por la salud ante todo. Comemos mal y estamos empezando a darnos cuenta de ello. Una cocina enteramente vegetariana puede parecer severa a muchos, pero cuando se comienza a conocerla, más bien debería decir a paladearla, se descubre cuán interesante puede ser. Muchos de los males que padecemos provienen de nuestros nefastos hábitos alimentarios. La cocina vegetariana propone una nueva manera de comer y, como dirían las personas de experiencia, una nueva manera de conservar la buena salud. Los vegetarianos tienen además la satisfacción de saber que no ha sido sacrificado ningún ser vivo para nutrirles, tanto más cuanto que los elementos esenciales para la salud —vitaminas, minerales, proteínas— se encuentran en las riquezas vegetales de nuestro planeta.

Después, por el placer: el placer de redescubrir alimentos que no se sabía cómo preparar: frutas, hortalizas, harinas, leguminosas; el de ampliar la gama de los gustos y confeccionar platos originales de evocadores nombres; el de degustar «autenticidad» y sentir «naturaleza»; el de compartir con los invitados nuevas aventuras culinarias; y también el placer de crear, puesto que la invención, en cocina, no tiene límites.

Finalmente, por el equilibrio: un equilibrio natural, que reúne estrechamente el de toda la naturaleza, la verdadera, la de los campos y los bosques, la del aire puro y la tierra fecunda. Los vegetarianos son a menudo muy conscientes de la importancia que tiene la protección de la naturaleza, y descubren a través de su alimentación la serenidad de vivir en armonía con los ritmos de la tierra y de la vida.

En suma, la cocina vegetariana viene a ser una celebración de la vida, ¡una armoniosa fiesta del Hombre con su planeta nutricio!

La revolución de los rábanos

Han sido precisos muchos años para hacer alzarse de la tierra una cocina fresca y pura: la del vegetariano de la naturaleza.

Una dieta flexible y sin pretensiones, que se aventure desde la caldereta de habas al horno, del artista hambriento, hasta las alcachofas soufflés del gastrónomo excéntrico.

Hemos viajado a los cuatro extremos del Universo. Hemos dado la vuelta a la galaxia y elegido aterrizar en el planeta Tierra. Desde nuestro inmenso globo flotante, hemos admirado grandes campos de trigo dorado cuyas semillas integrales se nos ha dicho que venían de Otra Parte y que se las ocultaba en harinas blanqueadas y en panes anémicos. Después, a lo lejos, hemos divisado como una tierra de hojas verdes. Al aproximarnos, hemos comprobado que estas fibras eran buenas también para comer y que no sólo servían para adornar los platos —como se ha pensado durante mucho tiempo con respecto al perejil.

Teníamos hambre. Desembarcamos. Se nos ha ofrecido para comer una ensalada de hojas verdes llenas de proteínas y pan de grano integral. Nuestro apetito quedó saciado. Nunca antes habíamos probado auténtico pan de semillas integrales recién salido del horno, con manteca fresca batida, al tiempo que nos dejábamos embriagar por su perfume de miel y de trigo.

Hemos preguntado en qué era estábamos, y se nos ha respondido: «En la de las hortalizas de la tierra.» ¿Qué quería decir esto? «Es muy simple, se nos ha dicho, significa que las hortalizas son lo bastante buenas para hacernos vivir, cuando se les añade nueces, leguminosas, huevos, queso y simientes. Se ha aprendido a confeccionar nuevos platos con los productos del huerto. ¡Tengan, prueben este potaje de broccoli (o brécol)! ¡La boca se nos hacía agua cuando nos sirvieron! «Pero las hamburguesas que no falten, pedimos entonces. ¡No hay nada mejor que una buena hamburguesa!»

A continuación nos trajeron una selección de hamburguesas de nueces, de lentejas, de legumbres, acompañadas de patatas doradas en aceite virgen. ¡Estaban tan buenas que, siendo todos carnívoros como éramos, olvidamos por completo que no contenían ni un gramo de carne!

¡Nuestra parada iba a terminarse pronto y aún nos quedaba tanto que ver y que saborear! Degustamos platos deliciosos a base de cereales del mundo entero —nosotros que durante tanto tiempo habíamos pensado que los cereales no eran más que graciosos granos de colores, inflados y buenos sólo para el desayuno—, o bien ese arroz limpio y blanco que no tiene dentro nada, aparte del almidón —por esto es por lo que estábamos gordos y subalimentados—. ¡Cuántas cosas nos quedaban por aprender!

Hasta tal punto que decidimos reposar un poco nuestro estómago. Nos tendimos bajo los árboles durante todo un día, alimentándonos sólo de frutas y agua. Los pájaros cantaban y se sentía el frescor de los bosques y de las flores. Después de la puesta del sol, contemplamos el cielo salpicado de estrellas y nos dejamos arrastrar por el sueño. Todo era calma y serenidad. ¡Qué bien dormimos aquella noche!

El día siguiente tomamos el barco. Íbamos a encontrar a otras gentes de esta generación. En un mercado, compramos flores y tarros de hierbas frescas. Para relajarnos, seguimos una clase de yoga. Allí es donde aprendimos todo lo que podía hacerse con yogur: queso, sopas, ensaladas, postres. Se nos dijo que era maravilloso para la salud.

Estábamos casi convencidos. Pero nos quedaba una duda: ¿cómo podríamos aprender a pasarnos sin dulces? Fuimos recibidos para tomar el té y, qué sorpresa, pudimos paladear suculentas golosinas hechas a base de miel, de harina de trigo integral, de nueces y de frutas. También saboreamos la mejor crema helada del mundo y pastelillos de fresas, al tiempo que bebíamos un té de frutos secos.

Teníamos que volver a partir, pero llevábamos para siempre con nosotros un montón de ideas frescas. Se terminaron los panes empo-

brecidos, los alimentos prefabricados, sintetizados, y las conservas sin sabor.

Con la lista de alimentos que hemos conseguido, vamos a hacer nuestra primera despensa de la salud:

- *azúcar terciado, miel no pasteurizada (preferentemente de flores de azahar).*
- *harina blanca no blanqueada y harinas de granos integrales molidas sobre piedra (trigo, centeno, maíz, avena, etc.). (Se deben refrigerar.)*
- *sal de mar o de verduras (la sal de mar sala mejor que la ordinaria).*
- *cubos de verduras saladas («Morga», saladas con sal marina).*
- *manteca de cultivo, sin salar.*
- *aceites sin refinar (de soja, de sésamo, etc.). (Se deben enfriar.)*
- *yogur de estilo balkán («Astro» o casero).*
- *cereales integrales (arroz moreno, cebada mondada, bulghur, cuscús, etc.).*
- *leguminosas (lentejas, garbanzos, brotes de soja, judías pintas, etc.).*
- *semillas (de sésamo, de girasol, etc.).*
- *nueces (almendras, avellanas, cacahuetes, nueces misturadas, tostadas al tamarisco, etc.).*
- *frutas secas (pasas, dátiles, higos, ciruelas, etc.).*
- *queso duro no procesado («Cheddar», «Farmer», suizo, etc.).*
- *huevos orgánicos grandes o extragrandes (procedentes de gallinas nutridas con grano y verdura).*
- *hortalizas y frutas frescas (preferiblemente de la época).*
- *té de hierbas o de frutas.*
- *café de cereales y de semillas.*
- *agua de manantial («Lanjarón», «Vichy», etc.).*

En aquel momento reflexionamos a fondo. ¡Nos sentíamos tan bien y tan llenos de energía, que decidimos unirnos a la Revolución de los rábanos!

Capítulo I
El pan de hoy con el gusto de ayer

Mucho antes de que existieran los supermercados, las especias se criaban en la tierra de la propia casa.

Había muchos más árboles para oxigenar el aire fresco de los bosques y el trigo crecía en inmensos valles.

Por la mañana, se admiraba la salida del sol. El hombre extraía placer de cavar la tierra de su huerta y de aspirar las flores perfumadas de su jardín. Después de haber trabajado duro al aire libre, se comía: galletas de alforfón; rebanadas de pan de trigo integral, cuyos granos habían sido molidos recientemente, tostadas en sartén de madera; cremosa manteca batida a mano y confituras hechas con las fresas que se habían recogido aquella misma mañana. Huevos frescos, tomates calientes todavía por sol —y, como diría mi madre, que sabían a tierra—, y cuajada del queso de la granja.

¿Hemos olvidado, en el curso de nuestra gran «evolución», los tranquilos paseos por el campo, el placer de amasar un pan con las propias manos, de espumar las confituras caseras, de hacer saltar los crêpes en el perol? Entonces se podían aspirar de lejos los aromas embriagadores que atraían a los hambrientos hasta la mesa donde se entronizaban, en su bol de tierra cocida, las habas que se habían rehogado lentamente en las brasas del hogar.

Pongámonos, pues, a calentar nuestro horno empotrado, calémonos las gafas de abuelita y salgamos a recoger en la cocina natural los trigos de buenas recetas con el gusto puro de los tiempos pasados.

Pan de trigo 5 variedades

Un pan campestre y dorado como las mieses.

3/4 t. de leche integral, templada
2 c. soperas de miel líquida de flores de azahar o de flores silvestres
2 c. soperas de levadura activa seca, fresca
1 1/8 ó 1 1/4 t. de mezcla de trigos (pág. 22)
1 c. de té de sal marina *
3 c. soperas de manteca sin sal o de aceite vegetal sin refinar
1 c. sopera de miel líquida de flores de azahar o de flores silvestres, no pasteurizada
1 t. de leche integral, tibia
1 7/8-2 t. de mezcla de trigos
1/4 t. de semilla de trigo
1/4 t. de trigo triturado (optativo)
aceite vegetal o manteca derretida
trigo integral machacado o semillas de sésamo

Calentar el horno a 190° C.

Disolver la miel en la leche tibia, dejar caer la levadura en forma de lluvia, remover con una cuchara de madera, dejar que suba al calor durante 10 minutos, o hasta el doble de su volumen.

Mezclar juntas, en un gran bol, la sal marina y la harina; añadir la levadura y remover bien con una cuchara de madera. La pasta debe ser tierna y homogénea. Colocar el bol entre los dos círculos del hornillo caliente; dejar que suba durante 30 minutos.

---

* Según Madame Louise Lambert-Lagacés, la sal marina y el agua de manantial pueden ser reemplazadas por sal de mesa y agua del grifo.

Una vez bien esponjada la levadura, añadir el aceite o la manteca, la miel, la leche tibia, y batir bien hasta que tome una consistencia lisa; añadir la harina de trigo, la semilla de trigo y el trigo machacado. Formar una bola, y si la pasta está demasiado pegajosa, añadir un poco más de harina o amasar a mano 15 minutos o en la batidora 4 minutos, o bien simplemente hasta que la pasta quede lisa y elástica. Partir la bolsa en dos y disponer cada mitad delicadamente en sendos moldes de pan, untados con manteca y enharinados, o darles la forma deseada. Con la ayuda de un cuchillo bien afilado, hacer una raja horizontal de 2 cm. de profundidad aproximadamente, en el centro del pan; pintar la parte de encima con aceite vegetal o manteca fundida y esparcir sobre ella trigo machacado o semillas de sésamo. Recubrir con un lienzo húmedo, dejar que suba al calor entre los dos círculos del hornillo de 30 a 45 minutos o hasta que alcancen el doble de su tamaño.

Cocer los panes, en el horno precalentado, durante 45 minutos; para conservar el bello color dorado de la corteza, recubrir la parte de arriba del pan con una hoja de papel aluminio durante los últimos 20 minutos de la cocción. Dejar enfriar unos minutos en el molde antes de servir hermosas y espesas rebanadas con manteca fresca.

Con las cantidades indicadas salen 2 panes.

Pan de avena molida

Añadir una t. de avena molida integral en lugar de 1 t. de mezcla de trigos, después de que la levadura haya subido.

Pan de pasas

Añadir 1/2 t. de pasas de Corinto y 1/2 t. de pasas de Esmirna al amasar la pasta de trigo integral.

Pan de cebollas

Añadir 1 cebolla grande, picada, y 1 diente de ajo machacado al amasar la pasta.

Pan de nueces

Añadir 1 t. de nueces picadas («Grenoble», almendras o nueces mezcladas) al amasar la pasta.

Mezcla de trigos

2 kg. de harina de trigo integral triturado
1 kg. de gluten 75 %

Mezclarlos bien y conservarlos en el frigorífico en un recipiente hermético: el gluten ayuda a dar ductilidad y elasticidad a la pasta de pan de trigo integral.

«Pumpernickel» negro

Si se dice que las cosas buenas a veces llevan mucho tiempo, este pan vale cada minuto que se le ha dedicado.

3/4 t. de agua de manantial o de leche integral, tibia
1 c. sopera de azúcar terciada
2 c. soperas de levadura seca activa, fresca
1 1/8 t. de mezcla de trigos (pág. 22)
1 c. de té de sal marina
2 c. soperas de manteca sin salar
4 c. soperas de melaza «Black Strap»
1 t. de leche integral, tibia
2 c. de té de semillas de alcaravea
1 t. de mezcla de trigos
1 1/2 t. de harina de centeno
3/4 t. de copos naturales de salvado
1/4 t. de germen de trigo
sémola de maíz
sémola de centeno
1 clara de huevo disuelta en
1 c. sopera de agua de manantial
granos de alcaravea

Disolver el azúcar en el agua templada y dejar caer la levadura a modo de lluvia; remover con una cuchara de madera y dejar subir al calor durante 10 minutos o hasta que la levadura haya duplicado el volumen.

En un bol de tamaño grande, mezclar 1 t. de harina de mezcla de trigos con la sal marina; añadir la levadura espumosa y remover

23

bien con una cuchara de madera; añadir 1/8 t. de harina; formar una pasta blanda y homogénea.

Poner el bol entre dos arandelas encima del horno caliente; dejar subir 30 minutos.

Una vez bien inflada la levadura, incorporar la manteca, la melaza, y la leche tibia, y batir bien hasta lograr una consistencia lisa. Añadir los granos de alcaravea, 1/2 t. de la harina de mezcla de trigos, la harina de centeno, los copos de salvado y el germen de trigo. Añadir 1/2 t. del resto de la harina de trigo al tiempo de amasar la pasta a mano, durante 15 minutos, o a máquina, durante 4 minutos, hasta que quede lisa y elástica.

Hacer dos panes de la bola o un único pan grande, ovalado o redondo, o bien formarlo según la propia fantasía, y depositarlo delicadamente sobre una planca o en los moldes untados de manteca y enharinados con sémola de maíz y harina de trigo.

Recubrir con un lienzo húmedo, dejar subir al calor entre las dos arandelas del hornillo durante 30 minutos o hasta que los panes hayan doblado su volumen.

Pintar la parte de arriba con una clara de huevo disuelta en agua y rociarla libremente con granos de alcaravea.

Cocer los panes en el centro del horno, precalentado a 190° C durante 45 minutos; recubrirlos con una hoja de papel de aluminio durante los últimos 20 minutos de la cocción.

Dejar enfriar algunos minutos en los moldes antes de servir. Estos panes son ricos tanto en sabor como en proteínas.

Salen 2 panes, aunque, si se prefiere, puede hacerse sólo uno grande.

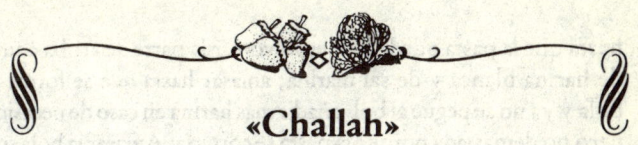

«Challah»

Para los padres, los maridos y los amigos a quienes todavía gusta comer hogazas blancas, éstas aportan como mínimo huevos y harina blanca sin blanquear.

3/4 t. de leche integral, tibia
1 c. sopera de miel líquida de flores de azahar, no pasteurizada
2 c. soperas de levadura seca activa, fresca
1 t. más 2 c. soperas de harina blanca sin blanquear
2 c. soperas de mantequilla derretida
1 c. sopera de miel líquida de flores de azahar
2 huevos batidos
2 t. de harina blanca sin blanquear
1 1/2 c. de té de sal marina
1 yema de huevo batida en 1 c. de té de agua fría
semillas de sésamo o de adormidera

Calentar el horno a 190º C. Disolver la miel en la leche tibia y dejar caer la levadura en forma de lluvia; remover con una cuchara y dejar subir al calor durante 10 minutos o hasta que la espuma doble su volumen.

En un gran bol, poner 1 t. de harina y verter la levadura espumosa sobre ella, batir con una cuchara de madera y formar una bola blanda y homogénea, añadiendo un poco de harina si es necesario para que la bola no se pegue demasiado al bol.

Poner el bol sobre el hornillo entre las dos arandelas encima del horno caliente; dejar subir la levadura durante 30 minutos.

Añadir mantequilla derretida, miel y huevos, y batir la mezcla hasta que la pasta quede lisa; espolvorear la parte de arriba con 2 t. de harina blanca y de sal marina; amasar hasta que se forme una bola y ya no se pegue al bol, añadir más harina en caso de necesidad, pero no demasiada porque la pasta se cortaría. Amasar la bola sobre una tabla ligeramente enharinada, durante 15 minutos, o a máquina durante 4 minutos; si la bola se pega, añadir un poco de harina.

Formar un challah: sobre una tabla enharinada, dividir la bola en tres partes iguales, arrollar cada parte en rollos de unos 28 cm. de largo, juntar los rollos por un extremo y formar una trenza uniforme, juntar y doblar hacia abajo el otro extremo de la trenza.

Colocar la trenza enharinada sobre una chapa untada de mantequilla y de harina; cubrir con un lienzo húmedo y dejar subir entre las dos arandelas del hornillo durante 30 minutos.

Barnizar la parte de arriba del challah con la yema de un huevo y espolvorearla generosamente con semillas de sésamo o de adormidera.

Elevar la temperatura del horno a 220° C, cocer 5 minutos, bajar a 190° C y cocer 40 minutos, hasta que la superficie sea de color castaño dorado.

Se puede cambiar el aspecto del pan y formar panes individuales para hamburguesas, o bien una bola o una trenza redonda, antes de hacer subir la pasta.

Pan de queso

Después de haber batido la mezcla con los huevos y esparcido la harina blanca y la sal, añadir 1 t. de queso «Cheddar» rallado. Amasar y seguir el resto de la receta.

Con las cantidades que se dan, sale un inmenso challah dorado.

Roscón de Navidad con pasas

Añadir 1 taza de pasas de Esmirna al amasar la pasta. Formar una trenza redonda, y seguir las mismas indicaciones para el resto de la receta. Sacar del horno y barnizar la parte de arriba del pan caliente con un glaseado de miel (miel líquida diluida en un poco de agua fresca). Adornar con un lazo de cintas. Ofrecerlo como regalo, colgarlo de una puerta o servirlo en la comida navideña.

Pan de avena en maceta

Resulta divertido ver panes de avena, especialmente cuando florecen en tiestos de arcilla.

3/4 t. de agua de manantial, tibia
2 c. soperas de miel líquida de flores de azahar o de flores silvestres, no pasteurizada
2 c. soperas de levadura seca activa, fresca
1 t. de mezcla de trigos (pág. 22)
1 c. de té de sal marina
1 t. de leche integral o de yogur natural, tibio
2 c. soperas de mantequilla sin salar
1 c. sopera de miel líquida de flores de azahar o de flores silvestres, no pasteurizada
1/2 t. de germen de trigo
1 1/4 t. de mezcla de trigos
1 t. de copos de avena revuelta
1 c. de té de mantequilla sin salar o de aceite vegetal no refinado
1 c. sopera de copos de avena revuelta

Disolver la miel en el agua tibia, dejar caer la levadura a modo de lluvia, remover con una cuchara y dejar subir al calor entre las dos arandelas del hornillo durante 10 minutos.

Mezclar harina y sal marina en un bol grande, verter la levadura esponjada y remover con una cuchara de madera; la pasta deberá ser tierna y homogénea.

Colocar el bol entre dos arandelas sobre el horno caliente y dejar que suba durante 30 minutos.

Una vez bien hinchada la levadura, añadir la leche o el yogur tibio, la mantequilla y la miel, y batirlo todo bien hasta conseguir una consistencia lisa; añadir la harina de mezcla de trigos, el germen de trigo y los copos de avena.

Formar una bola y, si la pasta está demasiado pegajosa, añadir un poco de harina y amasar a mano durante 15 minutos, o a máquina durante 4 minutos, o bien hasta que la pasta quede lisa y elástica.

Disponer la bola en una maceta de arcilla, de unos 35 cm., bien untada de mantequilla y enharinada, barnizar la parte de arriba con mantequilla y rociar sobre ella copos de avena; recubrir con un lienzo húmedo y dejar subir al calor entre las dos arandelas del hornillo caliente, durante 45 minutos o hasta que adquiera el doble de volumen.

Cocer el pan al horno, precalentado a 190° C, 45 minutos; durante los últimos 15 minutos de la cocción, recubrir la superficie del pan con una hoja de papel aluminio. Enfriar el pan 15 minutos en el molde. Servir caliente.

Sale un pan hermoso y florido de copos de avena.

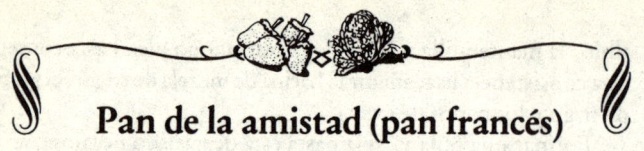

Pan de la amistad (pan francés)

Un pan que se ha hecho con las propias manos, al igual que la amistad, embellece con los años.

1/2 t. de agua de manantial tibia
1 c. sopera de miel sin pasteurizar
2 c. soperas de levadura seca activa, freca
1 c. sopera de miel no pasteurizada
1 1/2 c. de té de sal marina
2 c. soperas de manteca sin salar o de aceite no refinado
1/4 c. de té de jenjibre molido
2 t. de mezcla de trigos (pág. 22)
1 1/4 t. o más de harina blanca sin blanquear
manteca
harina de maíz
1/4 t. de agua de manantial
1/4 c. de té de sal marina

Calentar el horno a 190º C. Disolver la miel en el agua de manantial tibia, dejar caer la levadura en forma de lluvia, remover y dejar subir entre las dos arandelas de encima del horno caliente, durante 10 minutos. Calentar el agua de manantial hasta que esté templada; añadir la miel, la sal marina y la manteca o el aceite. Verter en un bol grande, añadir la levadura crecida y remover con una cuchara de madera; añadir la harina de mezcla de trigos, la harina blanca sin blanquear, y añadir aún más harina si la masa se pega al recipiente; formar una bola. Amasar a mano, 15 minutos, o a máquina 5 minutos a velocidad media.

Aceitar un gran bol, volcar dentro la bola y cubrirla con una servilleta húmeda; dejar subir al calor, sobre el horno caliente, de 45 minutos a 1 hora.

Hundir la pasta con el puño, dividirla en dos y formar dos bolas. Cubrirlas y dejar subir 15 minutos. Formar dos barritas de 37 cm. de largo. Colocarlas en 2 moldes de pan francés untadas de mantequilla y enharinadas con harina de maíz. Con ayuda de un cuchillo bien afilado, hacer tres hendeduras diagonales en la parte superior de cada pan, y barnizar éstos con la mezcla de agua salada. Cubrir con un lienzo enharinado y dejar subir al calor durante 30 minutos o hasta que alcancen el doble de su volumen.

Dar otra mano de agua salada, cocer en el horno precalentado a 200° C, durante 15 minutos; reducir la temperatura a 180° C y cocer de 25 a 30 minutos más, recubriendo los panes con una hoja de aluminio durante los últimos 20 minutos para conservar el bello color dorado del pan crujiente.

Salen dos barritas.

«Bagels» gigantes

Pruebe estos buñuelos judíos con queso a la crema; casi equivalen a un viaje gratuito a Israel.

1 t. de leche integral, tibia
2 c. soperas de aceite de soja sin refinar
1 c. sopera de miel líquida no pasteurizada
1/2 c. de té de sal marina
2 c. soperas de levadura seca activa, fresca
1 huevo, separado
1 1/2 t. de harina blanca sin blanquear, o harina de repostería de trigo integral, tamizada
1 t. o más de harina de mezcla de trigos (pág. 22)
1 c. sopera de agua de manantial
granos de sésamo, de adormidera, de alcaravea y de apio

Verter la leche tibia en un bol mediano; añadir el aceite, la miel y la sal marina; remover bien y dejar caer la levadura en forma de lluvia; remover con un tenedor y dejar subir entre las dos arandelas del hornillo caliente, durante 10 minutos o hasta que la levadura alcance el doble de su volumen.

Juntar la clara de huevo a la levadura espumosa; añadir la harina blanca, 1 t. de harina de mezcla de trigos o más hasta que la bola se despegue del recipiente.

Formar una bola y amasar a mano, durante 15 minutos, ó 4 minutos con la máquina amasadora, sobre una superficie enharinada hasta que la pasta quede lisa; si la pasta está demasiado pegajosa, espolvorearla con harina, volver a formar la bola y depositarla en un bol de tamaño mediano bien aceitado; recubrir el recipiente con un lienzo húmedo y dejar subir entre las dos arandelas del hornillo o directamente al calor durante 1 hora.

Dividir la bola en 12 ó 16 trozos y hacer rollos de 23 cm. de largo y aproximadamente 2 de diámetro; a continuación, pinzar juntos los dos extremos para formar círculos. Dejar subir estos círculos durante 10 minutos al calor entre las dos arandelas del hornillo sobre una chapa enharinada.

Llenar de agua una gran cacerola, ponerla a la lumbre y, cuando el agua esté en ebullición, depositar algunos bagels a la vez durante 15 segundos o hasta que se inflen (si cuece usted los bagels demasiado tiempo, se desengancharán y perderán su forma); sacarlos y ponerlos inmediatamente sobre una servilleta para que se enjuguen. Colocarlos seguidamente sobre una chapa aceitada y enharinada.

Barnizar los panes judíos con la yema de un huevo y agua. Diseminar por encima granos de sésamo, de adormidera, de alcaravea o de apio.

Cocer 25 minutos a 190° C, en un horno precalentado, hasta que estén dorados y apetitosos. Enfriar sobre una parrilla metálica.

Servir en «sandwich» con queso a la crema.

Bagels de cebolla

Añadir una cebolla picada al amasar la pasta. Rociar los bagels escaldados con cebollas picadas y doradas en manteca, antes de cocerlos al horno.

Salen de 12 a 16 unidades.

Queso a la crema con pimiento rojo

En un mezclador eléctrico, poner 4 porciones de queso a la crema y 1 c. sopera de pimiento rojo dulce pelado, y batir hasta que la crema adquiera un tono anaranjado; extenderla entre las mitades de un bagel judío, previamente partido.

Pan de miel y frutas

3/4 t. de leche integral, tibia
2 c. soperas de miel líquida de flores de azahar
2 c. soperas de levadura seca activa, fresca
1/2 t. y 2 c. soperas de harina blanca sin blanquear
1/2 t. y 2 c. soperas de mezcla de trigos (pág. 22)
4 c. soperas de mantequilla sin salar, fundida
2 c. soperas de miel líquida de flores de azahar, no pasteurizada
2 huevos enteros ligeramente batidos
1 c. de té de sal marina
1 t. de harina blanca sin blanquear
1/8 c. de té de clavo
3/4 c. de té de canela en polvo
1 t. de mezcla de trigos
1 t. de pasas (1/2 de Corinto, 1/2 de Esmirna)
1/4 t. de pieles de naranja agar-agar, cortadas en rajitas *

Calentar el horno a 190° C.

Disolver la miel en la leche tibia y dejar caer la levadura en forma de lluvia, remover con una cuchara y dejar subir al calor durante 10 minutos o hasta que la masa alcance el doble de su volumen.

En un bol de tamaño grande, añadir la mezcla de las dos harinas (la blanca y la de mezcla de trigos), verter encima la levadura espumosa, remover con una cuchara de madera y formar una bola blanda y homogénea; si fuese preciso, espolvorear un poco de harina para que no se pegue demasiado al recipiente.

---

* Se puede adquirir en establecimientos de alimentación natural.

Poner la base del bol en un plato lleno de agua, y éste sobre la arandela que está encima de la lámpara piloto del horno caliente o entre las dos arandelas del hornillo. Dejar subir la levadura 30 minutos.

Añadir la mantequilla derretida, 2 c. soperas de miel y los huevos, y amasar la mezcla hasta que la pasta quede lisa; rociar la parte de arriba con la harina blanca sin blanquear, la mezcla de trigos, la sal marina, el clavo y la canela, y amasar a mano hasta que se haya formado la bola y ya no se pegue al recipiente. Conservar la pasta un poco pegajosa con objeto de que sea más fácil mezclarla con las frutas. Amasar sobre una chapa ligeramente enharinada durante 15 minutos, o con una máquina amasadora durante 4, añadiendo las pasas y las cáscaras de naranja. Una vez bien incorporadas las frutas, añadir un poco más de harina al bol (no demasiada) si la pasta se pega.

Formar un rollo y colocar el pan de frutas en un molde al efecto, untado de mantequilla y enharinado.

Espolvorear la superficie con 1/4 t. de harina; cubrir con un lienzo húmedo y dejar subir al calor entre las dos arandelas del hornillo durante 30 minutos.

Cocer en el horno, precalentado, durante 45 minutos. Enfriar sobre una parrilla metálica. Servir al natural o en tostadas con mantequilla.

Sale 1 pan.

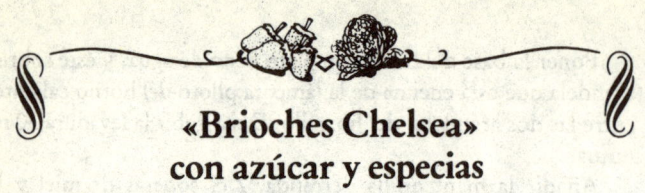

«Brioches Chelsea» con azúcar y especias

No hay nada más azucarado que un bello pensamiento.

La receta de base es la del pan de miel y frutas, sin las pasas y sin la piel de naranja (pág. 34).

Mantequilla a la canela

1/4 t. de mantequilla blanda sin salar
1/4 t. de azúcar terciada
1 c. de té de canela en polvo o cuatro especias molidas
1/2 t. de pasas de Esmirna (sultanas)
1/2 t. de pasas de Corinto
azúcar terciada o confitura de albaricoque disuelta en un poco de agua

Extender la pasta azucarada sobre una chapa enharinada formando un cuadrado de 40 cm. Batir mantequilla, azúcar y canela en un pequeño bol, y a continuación extender uniformemente sobre la pasta azucarada, diseminando por la superficie las pasas mezcladas.

Arrollar bien prieto como un pastel enrollado; cortar en rebanadas de 2 cm. de ancho.

Colocar los brioches de pasas, sin que éstas se toquen, sobre una chapa untada de mantequilla, cubrir con un lienzo húmedo y dejar subir al fuego durante 30 minutos o hasta que doblen de volumen y se toquen.

Espolvorear la superficie con azúcar o confitura de albaricoque disuelta en un poco de agua.

Cocer al horno precalentado a 190° C, durante 25 minutos. Después retirar y enfriar en una parrilla metálica.

Salen 12 brioches.

Panecillos de cruz (panes de Pascua)

Enrollar la base del pan azucarado en pequeños lazos, colocar sobre una chapa untada de mantequilla a 2,5 cm. de distancia. Adornar con una cruz de pasta recortada y dejar subir al calor hasta que alcancen el doble de su volumen; barnizar con una yema de huevo batida en una cucharada sopera de agua. Cocer en el horno precalentado a 180° C durante 20 minutos.

Pan de maíz de los campos

El buen pan de tiempos pasados, con un gusto puro de maíz dorado.

2/3 t. de harina blanca sin blanquear
1 t. de harina de maíz ordinario
1/2 c. de té de bicarbonato de sosa
3 c. de té de polvos para pasta (levadura)
1/2 c. de té de sal marina
1 1/2 c. soperas de miel no pasteurizada
1 huevo entero
1 t. de yogur natural
2 c. soperas de aceite de maíz no refinado

Untar de mantequilla y enharinar un molde de pan.

Tamizar, juntos, los ingredientes secos; batir la miel, el huevo y el yogur; incorporarlo a la mezcla de maíz con aceite; mezclarlo todo bien.

Verter en un molde de pan preparado al efecto. Cocer en un horno precalentado a 190º C, de 30 a 35 minutos, o hasta que los bordes estén dorados.

Servirlo en hermosas rebanadas doradas con mantequilla batida.

Salen 8 rebanadas grandes.

Pan de dátiles y nueces

1 t. de agua de manantial
1 c. de té de vainilla o de agua de azahar
1 1/3 t. de dátiles deshuesados y partidos en cuatro trozos
2 t. de harina de repostería de trigo integral, molida sobre piedra
1 c. de té de bicarbonato de sosa
1 c. de té de polvos para pasta (levadura)
1/4 c. de té de sal marina
1/4 t. de mantequilla sin salar o de aceite de soja no refinado
2/3 t. de azúcar terciada
1 huevo
1 t. de nueces de Grenoble, picadas

Poner a cocer el agua, añadir los dátiles troceados y la vainilla. Enfriar a temperatura ambiente.

Tamizar juntos la harina, el bicarbonato de sosa, la pasta en polvo y la sal marina. Hacer una crema con la mantequilla y el azúcar; batir hasta que la mezcla tome un tono claro. Añadir el huevo y batir nuevamente.

Añadir, alternándolos, los ingredientes secos y la mezcla de dátiles, agua y vainilla, terminando por los ingredientes secos; incorporar las nueces picadas; mezclar. Verter en un molde de pan untado de mantequilla y enharinado. Cocer al horno a 180° C, de 50 a 60 minutos o hasta que un mondadientes insertado en el centro salga limpio.

Enfriar en el molde y servir las rebanadas espesas, con mantequilla o con queso a la crema batida.

Sale 1 pan.

Ralladura de pan de trigo integral

pan de trigo integral

Poner en marcha la batidora y pasar gruesos trozos de pan por la abertura de la tapa; aumentar a la máxima velocidad hasta la obtención de un rallado fino. Para lograr una ralladura tostada, extender sobre una chapa y colocarla bajo la parrilla; cuando la parte de arriba esté dorada, darle la vuelta con una espátula ancha y dejar dorar por el otro lado.

Conservar en el refrigerador en una bolsa de papel. Utilizarla para gratinar, juntar a las pastas, etc.

Budín de pan y pasas

Aunque sean tan pequeñas estas pasas, realzan grandemente el gusto de este budín de pan.

2 c. soperas de mantequilla sin salar
3 t. de cuadraditos de pan de trigo integral (alrededor de 4 rebanadas gruesas)
3/4 t. de pasas de Esmirna, lavadas
1/4 c. de té de nuez moscada molida
3 c. soperas de azúcar terciada

Crema

3 huevos
1 c. de té de vainilla
3 t. de leche integral caliente

Aderezo

1/4 t. de germen de trigo crudo
1/4 c. de té de nuez moscada molida

Untar de mantequilla un molde rectangular mediano y poco profundo. Untar, así mismo, con mantequilla las rebanadas de pan por los dos lados y cortar en cuadraditos de 2,5 cm. Disponer la mitad de éstos en el fondo del molde preparado, añadir las pasas, rociar con azúcar y nuez moscada. A continuación, colocar el resto de los cuadraditos untados de mantequilla sobre las pasas.

Preparar la crema: con ayuda de un batidor metálico, batir los huevos en un gran bol y verter encima la leche caliente con la vainilla.

Verter la crema sobre los cuadrados de pan y dejar reposar 5 minutos.

Rociar la parte de arriba con la mezcla de germen de trigo-moscada. Depositar el molde en un plato lleno de agua hirviendo.

Cocer a 190° C durante 50 minutos, o a 160° C durante 1 hora, o hasta que la hoja de un cuchillo salga limpia y la superficie esté dorada y crujiente.

Servir con sirope de arce, miel líquida o crema fresca.

Salen 6 raciones.

«Crêpes» 5 granos, de suero

Este es el momento de demostrar sus talentos de jefe de cocina, pero... ¡atención, no se arrebate demasiado al hacer saltar el crêpe en la sartén, pues podría terminar en el techo!

2 huevos
2 c. soperas de harina de avena (pasar los copos de avena por la batidora eléctrica hasta obtener una harina)
2 c. soperas de harina de repostería, de trigo integral molido sobre piedra
2 c. soperas de harina de arroz integral
2 c. soperas de harina de maíz
4 c. soperas de harina blanca sin blanquear
1 c. de té de polvos para pasta (levadura)
1 t. de suero o de leche integral
2 c. soperas de aceite de soja sin refinar
aceite de soja

Poner todo junto en la batidora eléctrica y mezclarlo. Calentar a fuego mediano una sartén de 14 cm. de diámetro aproximadamente; verter un poco de aceite (1 c. de té) y 1/4 t. de la mezcla anterior; cuando se formen burbujas por encima del crêpe y aparezca a su alrededor un anillo seco de 2 cm. más o menos, dar la vuelta y dorar 1 minuto aproximadamente por el otro lado.

Conservar al calor en el horno a 100° C. Servir caliente con mantequilla batida y almíbar de arce puro.

«Crêpes» de acianos

Añadir de 3/4 t. a 1 t. de acianos frescos a la mezcla de crêpes 5 granos y servir con una salsa de acianos.

Salsa de acianos

1 t. de acianos frescos
1 c. de té de zumo de limón fresco
una pizca de canela
1/3 t. de azúcar terciada

Poner todo a hervir durante 5 minutos; remover y dejar reposar a la temperatura ambiente hasta que espese la salsa. Verter en un jarrito, y éste a su vez sobre los crêpes. La salsa da para 3/4 de taza.
Salen 4 crêpes.

Mantequilla de cacahuete

Salga de su concha; desmenuce sus nueces en mantequilla.

**4 t. de cacahuetes blancos, tostados y salados con sal marina
4 c. soperas de aceite de cacahuete sin refinar**

Poner la batidora en marcha. Añadir por la abertura de la tapa 1 t. de cacahuetes y triturar hasta la obtención de una consistencia crujiente o cremosa.

Verter la mantquilla en un tarro de cristal y recubrir con aceite de cacahuete. Conservar en el frigorífico.

Deliciosa para hacer una tartina con confitura de fresas casera o con rodajas de plátano.

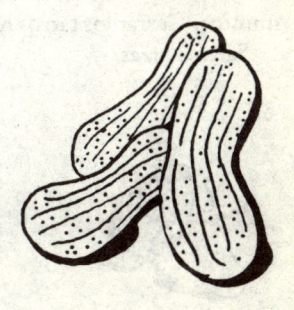

Confitura de fresas del hada de los bosques

Como en los cuentos de hadas, la barrita de canela transformará esta simple fruta en una deliciosa confitura, por arte de magia.

**6 t. de fresas frescas enteras, lavadas y sin rabo
3 t. de azúcar terciada pálida
1 barrita de canela**

En una cacerola de fondo grueso, depositar las fresas preparadas, rociarlas con azúcar terciada y ponerlas a hervir removiendo con una barrita de canela. Escurrir las frutas y volver a echar el almíbar en la cacerola; reducir el almíbar hasta que haya espesado, volver a poner las fresas en la cacerola, esperar a que hiervan y cocer a fuego lento removiendo de cuando en cuando con la barrita de canela, hasta que la cantidad haya quedado reducida a la mitad.

Para obtener una consistencia aún más espesa, disminuir la cantidad a 1/3.

Enfriar a la temperatura ambiente y verter en tarros de cristal esterilizados; es decir, que hayan estado en ebullición durante 10 minutos. Cerrar los tarros herméticamente.

Salen 3 tazas.

Capítulo II

El planeta de las hojas verdes

Si se me diese a elegir entre posarme sobre la luna o sobre el planeta de las hojas verdes, elegiría éste último sin duda. Aquí, al menos, se tienen los pies sobre la tierra. Hay una Madre Naturaleza que se ocupa de nuestros frutos secos, de nuestras frutas frescas y de nuestras verduras. Se puede respirar el perfume de las flores y de los bosques, escuchar el silbido de los pájaros en el mes de mayo y correr por los grandes campos de trigo dorado.

¡Sólo con pensarlo ya estoy en la luna! Imagino una tierra de ensalada verde, regada con una lluvia de limonada de aguacate y escarchada de un hielo de corruscos de hierbas; después, una montaña de plátanos, de kiwis y de papayas, nevada con una crema de jenjibre de lima.

Entonces, atémonos las alas y volemos libremente por encima de mi planeta. ¡Que cada uno elija aterrizar sobre su ensalada favorita de hojas verdes!

Ensalada del artista

Al igual que el artista utiliza su tela y sus colores para crear, utilice algunas hojas y coloréelas con sus legumbres preferidas.

Hojas de verdura

lechuga romana
lechuga de Boston
lechuga iceberg
espinacas frescas
endibias belgas
col blanca o roja
escarola del huerto

Hortalizas

aguacate (rociado con limón)
champiñones (salteados, en la mantequilla, con hierbas)
rábanos
pepinos
brécol en florecillas *
tomates
zanahorias ralladas
guisantes frescos
judías verdes («snow peas»)
puntas de espárragos *
cebollas: española, roja, chalote (en rodajas)
coliflor en florecillas *

* Las legumbres señaladas con un asterisco pueden ser cocidas al vapor durante 1 ó 2 minutos.

Para aquellos a quienes les guste crear, añadir:

queso (en cuadraditos o en lascas) «Cheddar», suizo, «Oka», «Farmer», etc.
habas o semillas germinadas
aceitunas negras
corruscos de trigo integral o de hierbas
apio entero (hojas y tallo)
zanahorias cortadas en cuartos, a lo largo

Limonada

Elegir entre las de las págs. 61, 78, 79 y 80

Tomar 2 cogollos de lechugas, si hay mucho apetito, y sólo uno, si éste es menor, para 4 personas.

Desmenuzar las hojas de lechuga y picar la col en el fondo de la ensaladera *.

A partir de aquí, no tiene más que inventar ensaladas variadas, dejándose llevar por sus gustos y su fantasía. Añada, por ejemplo, 2 cuadraditos de aguacate, 1 decena de champiñones o de rabanetes, 1/2 pepino en rodajas, 1 docena de tomates pequeñitos cortados a la mitad, ó 12 cuartas partes de tomates grandes, 1/4 de brécol y 1/4 de coliflor en florecillas, 1/4 t. de guisantes o judías tiernas, etc. Cree, según su gusto y la inspiración del momento. Mezclarlo todo y guarnecer con 1/2 t. de queso en cuadraditos, de habas germinadas y de corruscos; poner, adornando el extremo de cada bol, tallos de apio, zanahoria, cortada en cuartos, etc.

Regar con una limonada elegida de antemano.

---

* Para añadir un poco de fantasía a las ensaladas, servirse de cuencos individuales de estilo actual: macetas de vidrio...

Ensalada romana «chef»

No se está obligado a ser un rey o un zar para apreciar esta ensalada César.

3 t. de corruscos de hierbas (pág. 54)
3/4 t. de limonada «chef» (pág. 78)
2 cogollos de lechuga romana, lavada y seca
1 huevo, cocido 2 minutos
1/2 t. de queso «Cheddar» o parmesano, rallado

En el fondo de una gran ensaladera, preparar la limonada «chef». Deshacer la lechuga en pequeños trozos sobre la limonada. Cascar el huevo encima de la verdura y añadir los corruscos y el queso rallado. Mezclar bien todo.

Servir para acompañar canapés, hamburguesas o platos italianos. Para servirlo como plato principal, añadir guisantes cocidos, más queso y habas germinadas, y adornar con zanahorias ralladas o con cuadraditos de patatas cocidas.

Salen 4 raciones.

Ensalada Popeye de espinacas

Como Popeye anima a los jóvenes a comer mayor cantidad de esa legumbre llena de hierro y de vitamina C, yo he bautizado con su nombre esta ensalada de hojas verdes y de hortalizas crudas.

2 1/2 t. de aceite de sésamo sin refinar
1 diente de ajo machacado
3 c. soperas de zumo de limón
1/2 c. de té de sal marina
1/4 c. de té de mostaza seca
600 g. ó 2 paquetes grandes de espinacas, desbrozadas, sin rabos, lavadas y secas
mantequilla
1 ó 2 cebollas de tamaño mediano, picadas
1 t. de champiñones troceados
1/2 t. de zanahorias limpias y ralladas
perejil fresco finamente picado
1/2 t. de queso «Cheddar», rallado
corruscos de hierbas (pág. 54)

Preparar la limonada; machacar el diente de ajo y la sal en un bol profundo. Añadir el aceite, el zumo de limón y la mostaza, mezclándolo todo bien. Dejar reposar.

Saltear las cebollas y los champiñones en un poco de mantequilla; añadir perejil picado, en la cantidad que se prefiera. Enfriar.

Trocear las espinacas y disponerlas por encima de la limonada; añadir las legumbres salteadas, las zanahorias ralladas, el queso y los corruscos. Mezclarlo bien y servir.

Salen 4 raciones.

Corruscos de hierbas

1/4 t. de mantequilla sin salar
1 diente de ajo machacado
1 c. sopera de perejil seco
una pizca de tomillo
una pizca de mejorana molida
sal marina
4 rebanadas de pan de trigo integral

Machacar en el mortero las hierbas, la sal marina y el ajo; incorporar la mantequilla, y batir.

Extender la mezcla por los dos lados de cada rebanada de pan. Cortar en cuadraditos. Extender sobre una chapa y dejarlas tostarse, a 190° C, hasta que estén doradas y crujientes. Darles la vuelta con una espátula, apagar el fuego y dejar secar en el horno 15 minutos. Servir con gazpacho, sopa de brécol, ensalada verde, etc.

Salen 3 tazas.

Ensalada de col y de dos tubérculos

2 t. de zanahorias crudas, peladas
2 t. de col cruda
2 t. de remolacha cruda, pelada
4 chalotes cortados en rodajas
3/4 de limonada «chef» (pág. 78)

Rallar finamente en largos filamentos la col y las dos raíces (zanahoria y remolacha) separadamente, terminando por las remolachas para evitar que manchen las otras legumbres.

Disponer en un bol de cristal una fila de zanahorias y regar con 1/3 de la limonada; disponer a continuación una hilera de col y volver a regar con otro 1/3 de la limonada; disponer una tercera fila de remolachas y regar con el resto de la limonada. Esparcir el contorno del bol de chalotes picados. Servir.

Ensalada «picnic», sin bichitos (ensalada de patatas)

Esta ensalada de verano combina patatas y huevos duros en una limonada con mayonesa. Emplee hojas de col como platos, y sobre todo ¡no olvide el zumo de limón contra las picaduras de insectos!

**6 patatas grandes cocidas, peladas y partidas en cuadrados
1/2 t. de mayonesa casera (pág. 73)
1 c. sopera de zumo de limón fresco
1 c. sopera de aceite de soja o de oliva sin refinar
1 1/2 c. de té de sal marina
1 c. sopera de perejil fresco o seco
2 huevos cocidos, picados
cebollino fresco, picado
chalotes frescos, picados**

En un gran cuenco, regar las patatas con zumo de limón fresco; añadir mayonesa, aceite, sal marina y perejil; incorporar los huevos. Con ayuda de dos cucharas, envolver delicadamente las patatas con la mezcla de mayonesa.

Colocar esta mezcla en un cuenco de cristal; rociar de cebollino fresco y rodear de brotes de cebollas tipo chalote, picadas.

Cubrir el cuenco y refrigerarlo durante 1/2 hora. Servir con un «paté» de lentejas frío o con otras ensaladas de hojas verdes.

Salen 4 raciones.

Ensalada de tomates a la indiana

6 tomates medianos maduros, partidos en rodajas
1 cebolleta, finamente picada
1 t. de champiñones enteros
el zumo fresco de un limón
una pizca de hojas de albahaca picada
una pizca de perejil picado
una pizca de polvo de «cari» de las Indias

Limonada

1 diente de ajo machacado
1/2 c. de té de sal marina
1/8 c. de té de mostaza seca
1/4 t. de aceite de sésamo sin refinar
1/4 t. de zumo de limón fresco

Preparar la limonada: en el fondo de una gran ensaladera, machacar el diente de ajo y la sal marina; añadir la mostaza seca, el aceite y el zumo de limón.

En un cuenco pequeño, blanquear los champiñones enteros regándolos con zumo de limón fresco; dejar en remojo durante 10 minutos.

Partir los champiñones y depositarlos en la limonada con las rodajas de tomate y la cebolla picada.

Aromatizar al gusto con hojas de albahaca, de perejil picado y de polvo de «cari». Mezclarlo todo bien con dos cucharadas de ensalada. Refrigerar antes de servir.

Salen 4 raciones.

Pepinos y tomates al natural

La naturaleza es la mejor cocinera; al hombre sólo le falta saber apreciarla.

2 dientes de ajo, machacados
1/2 c. de té de sal marina
2 c. soperas de zumo de limón fresco
4 c. soperas de aceite de sésamo sin refinar
1 pepino grande, pelado, partido en rodajas
2 tomates grandes, pelados y partidos en rodajas
1 c. sopera de perejil picado
una pizca de hojas de albahaca
una pizca de tomillo
1 cogollo de escarola
8 aceitunas negras, enteras

En el fondo de una gran ensaladera, machacar los dientes de ajo con la sal marina; añadir el zumo de limón y el aceite, y mezclar bien. Añadir pepino, tomates, perejil, albahaca y tomillo. Dejar marinar durante 15 minutos a temperatura ambiente.

Recubrir todos y cada uno de los platos con hojas de lechuga y disponer sobre ellas las legumbres marinadas. Adornar con aceitunas negras.

Salen 4 raciones.

Ensalada de zanahorias

16 zanahorias medianas, finamente ralladas
1/2 t. de aceite de sésamo sin refinar
1/4 t. de zumo de limón fresco
2 dientes de ajo grandes, machacados
1/2 c. de té de sal marina
1/2 c. de té de mostaza seca
2 c. soperas de perejil picado
4 chalotes cortados en lonchas

En el fondo de una ensaladera, machacar el ajo y la sal marina; añadir la mostaza, el aceite y el zumo de limón. Aromatizar con perejil y chalotes. Batir bien. Añadir las zanahorias ralladas y envolverlas en la limonada.

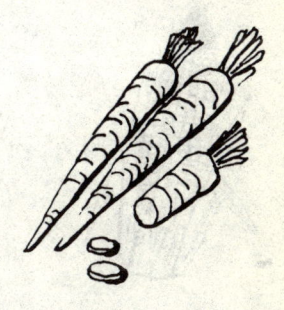

Salen 4 raciones.

Salsa de maíz

Añada pimienta a su vida y pimientos a su ensalada de maíz.

1 1/2 t. de granos de maíz, cocidos
2 c. soperas de pimiento verde partido en rodajas
2 c. soperas de pimiento rojo partido en rodajas
1 c. sopera de cebolla partida en rodajas
3 c. soperas de zumo de limón fresco
1/2 c. de té de sal marina
una pizca de mostaza seca
de 1 a 2 gotas de jugo de pimiento rojo

En una pequeña ensaladera, mezclar juntas las legumbres. Perfumar la mezcla con zumo de limón, sal marina, mostaza y jugo de pimiento rojo. Refrigerar durante 1 hora. Servir con una comida fría o para acompañar los huevos rellenos México.

Salen 2 tazas.

Ensalada de primavera del Oriente

1/4 t. de aceite de sésamo, sin refinar
1/2 t. de almendras enteras blanqueadas
1 cebolla cortada a lo largo
3 t. de coliflor, dividida en florecillas
3 t. de brécol, dividido en florecillas
1 1/2 t. de judías tiernas («snow peas»)
1 t. de champiñones troceados
2 cubitos de concentrado de caldo de legumbres, salado
1/2 lechuga ó 1/2 col, en hojas

Calentar al fuego un perol o una sartén profunda; verter el aceite y saltear las almendras hasta que estén doradas. Añadir la cebolla, los champiñones, la coliflor, el brécol y las judías tiernas; desmenuzar los cubitos de concentrado de caldo de legumbres por encima y cocer, removiendo hasta que el tono del verde sea más subido.

Cubrir el fondo de una gran ensaladera o de un plato con hojas de lechuga o de col, depositar sobre ellas las legumbres enfriadas y regar con limonada de tamari.

Limonada de tamari

1/2 c. de té de mostaza seca
4 c. soperas de salsa de tamari
2 c. de té de azúcar terciada
5 c. soperas de zumo de limón fresco
1 diente de ajo machacado
1 c. de té de «paprika»
3/4 t. de aceite de sésamo sin refinar

Batir la mostaza seca, la salsa de tamari y el azúcar terciada; dejar reposar 5 minutos. Añadir el zumo de limón, el ajo, la *paprika* y el aceite, y batir con un tenedor o con un batidor. Salen 1 1/2 tazas.

Da para 6 raciones.

Ensalada macedonia rusa

**hojas de lechuga romana
zumo de limón
sal marina
6 zanahorias medianas, limpiadas, cocidas al vapor, cortadas en cuadrados
1 t. de guisantes frescos, cocidos al vapor
3 patatas grandes, enteras, cocidas al vapor y cortadas en cuadrados
3/4 t. de mayonesa
1 c. sopera de zumo de limón fresco
2 c. soperas de aceite de soja sin refinar
sal marina
2 huevos duros partidos en rodajas, o
1/2 t. de granos de maíz, cocidos al vapor
perejil picado**

Cocer las legumbres al vapor hasta que su color suba de intensidad, es decir, de 4 a 6 minutos como máximo.

En el fondo de una gran ensaladera o de un cuenco de cristal, disponer las hojas de lechuga; rociar con el zumo de limón y salar al gusto.

En un bol mediano, mezclar las legumbres y regarlas con la mezcla de zumo de limón y de aceite; salar al gusto. Aromatizar con perejil picado. Añadir la mayonesa y los huevos cocidos. Trabar bien.

Disponer sobre las hojas de lechuga. Refrigerar 1 hora antes de servir.

Salen de 4 a 6 raciones.

Habas y semillas en brotes

No se precisa más que un tarro, una rejilla y una tapadera, para hacer germinar semillas de alfalfa y habas «mung» verdes.

1/4 t. de granos integrales (trigo, centeno)
1/4 t. de habas («mung», soja, lentejas)
1 c. sopera de semillas (sésamo, alfalfa, girasol)

Escoger granos y habas o semillas integrales; lavar con agua fresca y escurrir.

Poner las habas y granos o semillas en el fondo de un tarro de cristal de unos 200 ml. aproximadamente, o de un bote para marinadas. Llenar de agua, cubrir con una rejilla o con una tira de tela de algodón y cerrar sólidamente utilizando una tapadera hermética o una banda elástica.

Dejar en maceración en agua tibia durante toda la noche. Al día siguiente, escurrir y enjuagar los brotes en agua fresca, volcar el tarro, una vez cerrado, y dejarlo descansar sobre uno de sus lados en una bolsa de papel, colocándolo a continuación en la oscuridad de un armario.

Enjuagar y escurrir los brotes 2 veces al día por la mañana y por la noche, poniendo siempre el tarro boca abajo.

Los brotes estarán listos para comer cuando alcancen alrededor de 3,5 cm. de longitud.

Servir en ensaladas, como espagueti en lugar de pasta, cocidos al vapor, en limonada de tamari, en *sandwich*, cocidos con legumbres o en hamburguesa con queso.

Ensalada de garbanzos y de habas verdes

1 t. de garbanzos cocidos o de patatas cocidas y cortadas en cubos
1 t. de habas verdes frescas, cortadas en trozos de unos 5 cm.
1 t. de tomates pequeños partidos en dos, o de grandes tomates italianos pelados y cortados en cuatro trozos

Limonada

2 c. soperas de zumo de limón fresco
2 c. soperas de aceite de soja o de sésamo, sin refinar
1/4 c. de té de sal marina
1/4 c. de té de mostaza seca
1 diente de ajo machacado

Cocer las habas verdes al vapor durante 2 minutos o hasta que suban de color.

En un cuenco grande, preparar la limonada, mezclando juntos todos los ingredientes.

En un plato de servicio, disponer una hilera de garbanzos, una hilera de habas verdes y una hilera de tomates, o bien removerlo todo junto en un cuenco. Regar y envolver con la limonada.

Cubrir y refrigerar 4 horas antes de servirlo.

Salen 4 raciones.

Ensalada mexicana de macarrones

2 t. de macarrones de soja
2 t. de pimientos verdes cortados en cubos
4 pimientos rojos dulces, pequeños, en cuadraditos
perejil picado
limonada «chef», receta doble (pág. 8)

Cocer los macarrones: en una gran cacerola poner aproximadamente 1 1/2 litros de agua y esperar a que hierva; echar entonces la sal, el aceite y los macarrones, y cocer durante 10 minutos o hasta que las pastas estén en su punto. Escurrir y añadir a la limonada con los pimientos verdes y rojos picados. Aromatizar con perejil.

Servir en una hoja de col.

Salen 4 raciones.

Ensalada de frutas excéntrica

La vida es como un fruto maduro listo para saborear.

1 papaya madura, grande, cortada en tiras de 2 cm. de ancho
2 plátanos medianos, ó 1 piña fresca cortada en rodajas
1 c. sopera de zumo de limón fresco
1 «kiwi» mediano, ó 1 aguacate mediano
1 cogollo de escarola en hojas
hojas de menta fresca

Limonada de lima

1/4 t. de mayonesa
1/4 t. de crema ácida
2 c. de té de miel de flores de azahar, no pasteurizada
2 c. soperas de zumo de lima fresco
1 c. de té de jenjibre recién rallado
coco desecado

Cortar los plátanos a lo largo en cuatro partes, y después en tiras de 7 cm. Rociarlos con zumo de limón para evitar que se ennegrezcan.

Extender la escarola en un plato de servicio o depositarla en platos individuales. Regar con zumo de limón.

Disponer alternativamente una rodaja de papaya, una de plátano o de piña fresca, y una de *kiwi* o de aguacate (rociar este último con zumo de limón); adornar el plato con hojas de menta.

Preparar la limonada mezclando todos los ingredientes, a excepción del coco.

Verter un poco de limonada sobre cada porción de la ensalada de frutas.

Dorar el coco en el horno o en una sartén, y después esparcirlo en la limonada.

Salen 4 raciones.

Huracán tropical

¡Si lloviesen frutas, se necesitarían «parafrutas»!

**2 t. de fresas enteras (una decena de ellas sin quitar el rabo)
1/2 melón dulce, grande, ó 2 t., en bolas
1 t. de acianos enteros
1 papaya, ó 1/2 t., en bolas
1/2 melón, de carne anaranjada, ó 1 t., en bolas
el zumo de 1 limón (85 g.)
2 c. soperas de miel líquida de flores de azahar**

Utilizar cucharas de melón para recortar la carne de los melones y de la papaya en bolas.

Mezclar, juntas, todas las frutas, y regarlas con el zumo de limón y miel. Verter en un cuenco de cristal. Adornar con las fresas que conservan el rabo. Cubrir el cuenco y refrigerar durante 1 hora. Servir en cuencos individuales o en mitades de melón vaciadas, sin llenarlos hasta el borde.

Salen 4 raciones.

Melones Sensación

¿Un desayuno en la cama? Frutas exóticas, para los naturistas románticos.

2 melones de carne anaranjada, de tamaño mediano
1 racimo de uvas negras
1 naranja, o mandarina, en gajos
1 lima, sin pelar, finamente picada
hojas de menta fresca

Yogur de menta

1 t. de yogur natural
1 c. sopera de menta fresca picada, o
2 c. de té de menta seca
1 c. sopera de zumo de lima fresco
1 c. sopera de miel líquida de flores de azahar no pasteurizada

Con ayuda de un pequeño cuchillo bien afilado, cortar el melón en dos, dando al corte forma dentada, y limpiarlo de pipas. Adornar el centro de cada mitad con un pequeño racimo de uvas (alrededor de 10), 2 rodajas de lima, 2 gajos de mandarina y 1 hoja de menta. Perfumar al gusto con miel líquida de flores de azahar o con yogur de menta.

Salen 4 raciones.

Zumo de frutas de la vía láctea

La ensalada de frutas del año 2000.

2 t. de uvas verdes
2 plátanos pequeños, bien maduros
3 naranjas peladas
rodajas finas de lima, o ramas de menta fresca

Pasar todas las frutas por una licuadora. Verter en una gran copa globo y adornar con lima o con hojas de menta fresca. Beber inmediatamente.

Salen 2 raciones.

LIMONADAS DE PREPARACION RAPIDA

He aquí algunas salsas y limonadas frescas y puras, para embellecer hojas y verduras de la Madre Naturaleza.

La auténtica mayonesa

Es sencillísimo lograr una buena mayonesa. Basta con utilizar buenos huevos frescos y verter el aceite en pequeñas cantidades.

1 huevo
el zumo de medio limón (2 c. soperas)
sal marina
1/2 c. de té de mostaza seca
«paprika»
1 t. de aceite de soja sin refinar

Conservar todos los ingredientes a temperatura ambiente.

Cascar el huevo en una batidora, añadir el zumo de limón, la sal marina, la mostaza y la «paprika». Poner la tapa y mezclar a velocidad media vertiendo lentamente el aceite por la abertura de la tapadera. Si la mayonesa espesa demasiado, llevar los ingredientes hacia las hojas metálicas con una espátula de caucho.

Verter en un tarro de cristal y conservar en el refrigerador.
Sale 1 taza.

Alioli
(Mayonesa de ajo superespesa)

3 dientes de ajo machacados
1/2 c. de té de sal marina
3 yemas de huevo
1 1/4 t. de aceite de soja sin refinar
3 c. soperas de zumo de limón
perejil fresco, picado (opcional)

Triturar, juntos, el ajo, y la sal. Añadir el machacado a las yemas de huevo en una batidora. Verter lentamente el aceite suficiente para que la mezcla tenga la consistencia de una mayonesa espesa. Regar con zumo de limón y rociar de perejil fresco, al gusto.

Servir con hortalizas crudas o legumbres cocidas al vapor.

Salsita verde prado y hortalizas crudas

Invite a sus hortalizas crudas a reunirse con este «dip» verde como los prados.

1 t. de verdura (1/3 de cebolla, 1/3 de perejil y 1/3 de espinacas)
el zumo de medio limón (3 c. soperas, aproximadamente)
3 c. soperas de crema ácida
2 t. de mayonesa casera
sal marina

Triturar la verdura y el zumo de limón en una batidora, añadir la crema ácida. Agregar a la mayonesa y salar, según el gusto. Servir todo en un bol de servicio, adornar la superficie con una fina rodaja de limón fresco y una ramita de perejil o de hojas de apio.

Enfriar antes de servir con hortalizas crudas y *chips* natural.
Salen 3 trazas.

Salsita de aguacates

Continúe su unión amorosa con el aguacate, incluso después de haberlo comido. Guarde el hueso del fruto y deje germinar una vida. Lave el hueso con agua fresca, pinche en él 3 palillos y suspéndalo encima de un bote de cristal. Cubra 1 cm. del hueso con agua tibia. Colóquelo en un sitio cálido, donde reciba directamente la luz del sol. Cuando el hueso haya germinado y el tallo mida alrededor de 18 cm., corte el tallo en dos para que la planta se ramifique. Una vez que las raíces hayan espesado y el tallo tenga flores, plántelo en un tiesto dejando fuera la mitad del hueso. Utilice una maceta grande a fin de facilitar el desagüe. Esto es todo lo que se necesita para crear un bello jardín de amor: sólo usted y el aguacate.

4 aguacates maduros *
zumo de limón
1 diente de ajo machacado
1/4 c. de té de sal marina
1 c. de té de mostaza seca
2 c. de té de zumo de limón fresco
4 c. soperas de mayonesa casera

Pelar los aguacates y barnizarlos con zumo de limón para impedir que su carne se ennegrezca. Con ayuda de una cuchara de madera, aplastar la carne del aguacate contra un colador encima de un cuenco. Añadir la mayonesa, la sal marina, el ajo, la mostaza y el zumo de limón.

Batir unos minutos hasta conseguir una consistencia cremosa y ligera. Refrigerar antes de servir. Servir con bastoncillos de hortalizas crudas, *pretzels* y *chips* naturales. Salen 4 tazas.

* El aguacate está maduro cuando el hueso se mueve en su interior.

Mantillo

3/4 t. de garbanzos crudos
2 c. soperas de semillas de sésamo
4 c. soperas de aceite de sésamo sin refinar
2 dientes de ajo machacados
de 2 c. soperas a 1/2 t. de zumo de limón fresco
2 c. soperas de perejil desecado
aceite de sésamo, sin refinar

La víspera, dejar en remojo los garbanzos en bastante agua, para que queden recubiertos. Al día siguiente, verter los garbanzos empapados en una cacerola y ponerlos a hervir con 1 c. de té de sal marina, añadiendo suficiente agua para recubrirlos. Tapar y cocer a fuego lento durante 1 hora o hasta que los garbanzos estén tiernos. Escurrir y triturar, o hacer un puré con una batidora eléctrica.

Dorar las simientes de sésamo a fuego medio, en una sartén fuerte. Depositar en un cuenco mediano con el puré de garbanzos, el aceite de sésamo, el ajo, el zumo de limón y el perejil.

Guarnecer el fondo de una ensaladera con hojas de lechuga romana rociadas de zumo de limón fresco; añadir el mantillo y verter una fina capa de aceite por encima; esparcir perejil picado. Servir como salsa para legumbres crudas o adornar con rodajas de pepinos o de panes de pita calientes.

Limonada «chef»

La limonada de las limonadas, es seguro... que gustará a todos.

1 diente de ajo machacado
1 c. de té de sal marina
1/4 c. de té de mostaza seca
el zumo de un limón grande (1/4 t.)
1/2 t. de aceite de sésamo, o de soja, sin refinar

En el fondo de una gran ensaladera, machacar el ajo y la sal marina; añadir la mostaza seca, verter el aceite y el zumo de limón. Mezclar bien.
Salen 3/4 de taza.

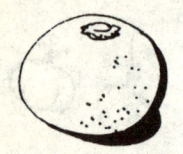

Limonada diosa verde

1 huevo
3/4 c. de té de sal marina
1/2 c. de té de mostaza seca
2 c. soperas de zumo de limón fresco
1 t. de aceite de soja sin refinar
2 c. soperas de perejil fresco picado
2 c. soperas de chalotes picadas
1 c. de té de estragón seco, o
2 c. de té de estragón fresco picado
1 c. sopera de zumo de limón fresco
1/2 t. de crema ácida

Preparar la mayonesa con ayuda de un batidor de metal o eléctrico (le da una consistencia más lisa y cremosa que la batidora).

En un cuenco mediano, cascar el huevo; añadir sal marina, mostaza seca y 1 c. sopera de zumo de limón. Batir sin cesar vertiendo el aceite lentamente en lluvia. Cuando la mayonesa espese, verter el resto del zumo de limón.

Añadir a la mezcla perejil, chalotes, estragón y zumo de limón. Ligar todo ello. Amalgamar la crema ácida a la mayonesa de hierbas. Refrigerar. Servir sobre una ensalada de legumbres o de hojas verdes.

Limonada de aguacate

1 aguacate mediano, maduro
3/4 t. de aceite de sésamo sin refinar
1/4 t. de zumo de limón fresco
1 diente de ajo
1 c. de té de sal marina
una pizca de «paprika»
1/2 c. sopera de mostaza seca
2 c. soperas de mayonesa

Hacer un puré de aguacate en la batidora y añadir el resto de los ingredientes, salvo la mayonesa. Mezclar bien. Verter en un tazón pequeño. Incorporar la mayonesa y remover vigorosamente con un batidor metálico hasta que la limonada adquiera la consistencia lisa y cremosa de una mayonesa.

Sale 1 taza.

Capítulo III

La era de las legumbres de la tierra

¡Era de Acuario! Llega una liberación mental, se vuelve a encontrar la propia identidad, las propias necesidades, las propias posibilidades; las gentes regresan a la tierra para detenerse y dejarse llevar; respirar una bocanada de aire fresco, reencontrarse con la naturaleza y un poco de terreno, sembrar granos de zanahoria, de brécol y de tomillo, verlos crecer y, cuando su crecimiento haya concluido, comerlos en el momento en que el hambre se presente.

O, en caso de quedarse en la ciudad, la gente se levanta temprano el sábado por la mañana, y da un paseo a pie, en bicicleta e incluso ¡en patines de ruedas! Se deja transportar, de una sombrilla a otra, por el perfume de las hierbas frescas, del ajo liliáceo, de los champiñones color café, de las escarolas, de los grandes pepinos ingleses, de las patatas nuevas, de los tomates diminutos, acompañada en su viaje por la sonrisa de los hortelanos.

Las criaturas de la tierra necesitan sol, aire fresco y agua para crecer saludables. Cocidas, las legumbres no piden más que volver a encontrar su aspecto natural y no tener aire de «legumbre»: lacias, sin vida, pálidas.

A continuación damos algunas sugerencias reverdecientes.

Lo mejor para las legumbres es: comprarlas en su estación. Son más sabrosas y cuestan menos «tela». Escoger las legumbres enteras; por ejemplo, las zanahorias con sus hojas, las espigas de maíz con su envoltura. De esta forma conservarán su sabor. Pueden utilizarse hojas de legumbres para realzar el gusto de las ensaladas y de las sopas.

El agua, la luz y el aire destruyen las vitaminas; por tanto, hay que depositar lo más pronto posible las legumbres en bolsas o en recipientes herméticos y meterlos en el frigorífico. Las cebollas y las patatas se acomodan bien en un lugar fresco, al abrigo de la luz, pero donde circule el aire.

Evitar lavar o cortar las legumbres antes de almacenarlas. Sin embargo, se pueden cortar las hojas de los tubérculos, porque conservan la humedad. Si la legumbre parece débil y mustia, será preferible utilizarla en sopas antes que dejarla en remojo, ya que en este caso las vitaminas terminarían en el agua también. Si la legumbre desprende mal olor, tirarla.

Cepillar las legumbres bajo un chorro de agua fría justamente antes de prepararlas para cocinar. Guardar la piel siempre que sea posible, porque posee importantes cualidades nutritivas. No deje que las legumbres se empapen.

Ya pasó el tiempo en que se hacía hervir las legumbres horas y horas: ¡perdían el sabor de tal manera que no es de extrañar que tanta gente las detestase! Utilizar un wok *o un recipiente especial de los que no precisan agua, para cocer las legumbres al vapor. Las cacerolas de metal —aluminio o cobre— absorberán los sedimentos calcáreos. Es mejor servirse de cacerolas de pyrex, de hierro fundido esmaltado, de porcelana o de barro.*

Aromatizar las legumbres con hierbas frescas o secas, con aceite virgen o mantequilla sin salar, después de la cocción.

Para conservar los valores nutritivos esenciales, el aspecto apetitoso y el color original de la legumbre, la era de las legumbres de la tierra ha desarrollado diversas técnicas: así, los orientales las cortan de la manera que se hace para la sopa juliana (style nituke), o en diagonal, y las ponen a cocer en el wok *o al vapor. Las pican inmediatamente antes de servirlas o de cocerlas.*

Ahora, intente la experiencia, compruebe todo lo que puede hacer con las legumbres de la tierra, ¡y dígale algo al Gigante Verde!

SOPAS CASERAS

He aquí auténticas sopas caseras, a escoger según las legumbres de la estación.

Gazpacho termo

¡Aquí tiene algo para meter en su mochila, cuando vaya a pasear por el campo, ya sea a pie o a lomos de camello!

- 2 t. de tomates rojos maduros, pelados, despepitados y picados
- 2 t. de pepinos pelados, vaciados y picados
- 1/2 cebollita picada
- 1/2 pimiento rojo dulce
- 1 diente de ajo
- 3/4 t. de agua de manantial
- 2 t. de zumo de tomates o de hortalizas
- 3 c. soperas de zumo de limón fresco
- 4 c. soperas de aceite de soja sin refinar
- 1 c de té de sal marina
- 1 t. de tomates picados en cubos
- 1 t. de pepinos picados en cuadrados
- 1 t. de pimientos verdes picados en cuadrados
- 1 1/2 t. de corruscos de hierbas (pág. 54)

En una batidora, licuar juntos tomates, pepinos, cebolla, pimiento y ajo. Añadir el zumo de tomate.

Verter en un gran cuenco, incorporar el agua de manantial, el zumo de limón, el aceite, la sal marina, y mezclar bien. Recubrir, congelar durante 1 hora o refrigerar durante 5.

Verter en una sopera, en cuencos individuales o en un termo.

Llenar 4 pequeños cuencos con tomates, pepinos, pimientos y corruscos, y rociar con el gazpacho.

Salen de 4 a 6 raciones.

Sopa de ajo al gratin

Los ingredientes más importantes de esta sopa son el tiempo, el tomillo y el vino.

4 cebollas españolas, grandes, finamente picadas en rodajas
4 c. soperas de mantequilla sin salar
2 c. soperas de harina blanca sin blanquear
sal marina
2 dientes de ajo machacados
perejil fresco o seco, picado
una pizca de tomillo
4 cubitos de concentrado de caldo de legumbres, salado y disuelto en 4 t. de agua de manantial
1 t. de vino blanco seco
1 c. sopera de brandy
4 rebanadas de pan de trigo integral de 1 1/2 cm. de espesor, aproximadamente
mantequilla
3 t. ó 375 gr. de queso «Gruyère» rallado

Saltear las cebollas y el ajo en la mantequilla hasta que estén tiernos, transparentes y dorados.

Añadir el caldo, el vino blanco, la harina, el perejil y el tomillo. Salar al gusto.

Cubrir y rehogar 30 minutos a fuego lento.

Añadir el brandy. Dorar las rebanadas de pan en el horno a 200º C, untarlas de mantequilla y colocarlas en el fondo de cuencos individuales para sopa de cebolla.

Espolvorear sobre las tostadas alrededor de los 3/4 de queso rallado. Poner sobre la parrilla hasta que el queso se derrita y la sopa hierva.

Salen 4 raciones.

Potaje de zanahorias de mercado

Son bonitos los potajes de mercado; un ramo de hierbas desecadas, de patatas, de cebollas y de zanahorias azucaradas. He aquí la sopa más aclamada del año.

1/2 cebolla mediana
8 zanahorias medianas, limpias y cortadas
4 patatas peladas y cortadas en cuatro trozos
agua
2 c. de té de mantequilla de finas hierbas (pág. 54)

Guarnición

2 patatas cocidas
2 zanahorias cocidas

Cocer las legumbres al vapor a fuego muy lento hasta que estén tiernas. Hacerlas puré en una batidora eléctrica añadiendo la suficiente agua para obtener la consistencia de una crema; añadir la mantequilla de finas hierbas. Verter el potaje en la cacerola y calentar durante 5 minutos. Servir el potaje en una sopera, y si se desea un potaje más consistente, adornar cada cuenco con cuadraditos de zanahoria y de patatas cocidas.

Salen 4 raciones.

Crema de brécol

Aquí tiene todos los ingredientes acumulados, para preparar su verdura prefrida.

agua de manantial
2 raíces de brécol
6 c. soperas de mantequilla sin sal
6 c. soperas de harina blanca sin blanquear
4 t. de leche integral
1 hoja de laurel
1 1/2 c. de té de sal marina
2 cubitos de concentrado de caldo de legumbres salado
4 c. soperas de crema ácida
corruscos de finas hierbas (pág. 54)

Cocer el brécol al vapor hasta que esté tierno. Hacer una salsa de manteca requemada, derritiendo la manteca en un gran perol, añadiendo la harina y removiendo bien con un batidor a fin de obtener una consistencia cremosa. Dorar durante unos instantes a fuego lento. Verter la leche gradualmente por encima de esta salsa, añadir la hoja de laurel, la sal marina y los cubitos de concentrado de legumbres; cocer a fuego lento hasta que espese. Conservar algunas florecillas de brécol cocido y poner el resto de las legumbres en la batidora con la salsa cremosa hasta conseguir una consistencia suave.

Aplastar las legumbres cocidas en un colador con la ayuda de una cuchara de madera y volver a echar la sopa en una cacerola; cocer en el mínimo durante algunos minutos. Verter en una sopera caliente o en cuencos individuales y adornar la superficie con flores de brécol. Añadir, si se desea, una cucharada de crema ácida por persona y rociar con corruscos de finas hierbas.

Salen 4 raciones.

Crema de guisantes frescos

Mayo, junio, julio y agosto son los mejores meses para hacer buena sopa de guisantes.

4 t. ó 500 gr. de guisantes frescos desgranados
4 t. de agua de manantial
2 cebollas picadas
2 dientes de ajo grandes, enteros
1 patata mediana
1 1/2 c. de té de sal marina
5 c. soperas de mantequilla sin sal
5 c. soperas de harina blanca sin blanquear, o
2 1/2 c. soperas de arrurruz
1 c. sopera de zumo de limón fresco
finas tajadas de limón en rodajas

Cocer la patata al vapor hasta que esté tierna. Cocer los guisantes en el agua de manantial con la cebolla, el ajo y la sal marina durante 10 minutos.

Hacer una salsa fundiendo la mantequilla, añadiendo la harina y removiendo con un batidor metálico hasta que la pasta esté lisa.

Verter el agua y las legumbres cocidas en una batidora eléctrica y reducirlas a puré durante 30 segundos. Colar este puré sobre un perol especial. Aplastar la pulpa contra el colador, y después apartarla. Calentar la crema a fuego medio removiendo constantemente. Regar con zumo de limón antes de servir. Adornar cada cuenco con una rodaja de limón.

Salen 4 raciones.

Crema de semillas de tomates maduros

¿Ha pensado ya cuántos de estos granos tan minúsculos pueden responder a nuestras necesidades?

Salsa blanca de cebollas

2 c. soperas de mantequilla sin sal
2 c. soperas de harina blanca sin blanquear
1 1/4 t. de leche integral
1 cebollita picada
3 t. de salsa de tomates frescos (pág. 156)

Preparar la salsa blanca de cebolla: derretir la mantequilla en un perol, añadir la cebolla y cocer a fuego medio hasta que esté transparente; añadir la harina y remover con un batidor metálico hasta lograr una consistencia lisa. Verter la leche lentamente, sin dejar de remover, y cocer a fuego lento hasta que la salsa espese.

Con la ayuda de una batidora, hacer un puré de las dos salsas. Servir esta crema caliente con corruscos de hierbas, a los que se dará la forma que se desee: estrella, margarita, etc., rociando el conjunto con perejil recién picado.

Salen 4 raciones.

Nuestra sopa de verduras

Nuestra casa debería oler siempre bien..., como la sopa.

- 3 c. soperas de aceite de sésamo sin refinar
- 2 zanahorias medianas cortadas en cuadraditos
- 1/2 t. de nabo cortado en cuadraditos
- 1 cebolla mediana, picada
- 1 patata grande cortada en cuadrados
- 3 ramas de apio cortado en cubos
- 12 coles de Bruselas enteras
- 2 cubitos de concentrado de caldo de legumbres, salado y disuelto en 4 t. de agua de manantial
- 2 tomates grandes, pelados y picados
- perejil fresco, picado
- sal marina

Poner a calentar un gran perol o un *wok*; añadir el aceite y saltear las zanahorias, el nabo, la cebolla, las patatas, el apio y las coles de Bruselas; dar vuelta constantemente a las legumbres durante 5 minutos o hasta que tomen color.

Añadir el caldo de legumbres y los tomates; esperar a que hierva, reducir el fuego y cocer a fuego lento durante 20 minutos o hasta que las legumbres estén tiernas.

Escurrir las legumbres en un colador sobre un gran cuenco, reservar 1 1/2 t. de legumbres cocidas y hacer un puré con el resto; aplastar este puré contra un colador con una cuchara de madera, tirar lo que quede pegado y trabar el puré de caldo con el resto de las legumbres cocidas.

Rociar con perejil picado y salar al gusto de cada cual. Servir caliente en la sopera.

Salen 4 raciones.

«Chowder» de verduras y de queso «Cheddar»

En otoño, sírvase de una calabaza vacía como sopera para las sopas de la huerta.

3 c. soperas de mantequilla sin sal
4 patatas pequeñas cortadas en dados
4 zanahorias medianas cortadas en dados
1 cebolla mediana picada
1 diente de ajo machacado
2 c. soperas de harina blanca sin blanquear
2 cubitos de concentrado de caldo de legumbres salado, disuelto en 1 1/4 t. de manantial
3 t. de leche integral
1/2 c. de té de sal marina
1/4 c. de té de estragón
1 c. sopera de perejil picado
3 t. de queso «Cheddar», rallado

Derretir la mantequilla; añadir las legumbres y cocer hasta que las cebollas estén transparentes. Añadir la harina y el caldo de legumbres y cocer hasta que la mezcla espese, removiendo constantemente con un batidor. Añadir la leche y cocer 10 minutos o hasta que las patatas estén tiernas. Salar y aromatizar con estragón y perejil. Unir el queso a la mezcla y remover hasta que quede fundido. Servir en el mismo caldero.

Salen 4 raciones.

Sopa criolla de lentejas

Creer es esperar ver estallar un minúsculo grano en un inmenso abeto.

1 t. de lentejas verdes, crudas
200 ml. de agua de manantial
1 diente de ajo entero
1 c. de té de sal marina
1 cebolla mediana picada
2 zanahorias grandes cortadas en dados
1 pimiento verde mediano, picado
2 tallos de apio, picados
1 tomate mediano pelado y picado
4 c. soperas de aceite de soja sin refinar
1 1/2 cubitos de concentrado de caldo de legumbres salado, disuelto en 2 t. de agua de manantial tibia
2 c. soperas de aceite de soja sin refinar
2 c. soperas de harina blanca sin blanquear

Cocer las lentejas en 200 ml. de agua, añadir el ajo y la sal. Esperar a que hierva, cubrir y tocer a fuego lento de 30 a 45 minutos.

En un perol, saltear cebolla, zanahorias y pimiento hasta que la cebolla esté transparente; añadir el apio y los tomates, cocer 5 minutos.

Añadir la mezcla de legumbres a las lentejas cocidas, y verter el caldo de legumbres.

En el mismo perol, calentar 2 c. soperas de aceite, rociar de harina y hacer una salsa formando una pasta lisa. Verter 1 taza de sopa caliente sobre esta salsa, mezclarla bien y añadir a la sopa. Cocer a fuego lento hasta que el caldo haya espesado y las legumbres estén tiernas.

Servir caliente en un bol de sopa hondo.

Salen 6 raciones.

Supremo de champiñones almendrado

Las flores se protegen perfumándose de esencia y maquillándose con diferentes colores. De este modo sienten menos temor de que las gentes las arranquen y las hagan morir.

4 c. soperas de aceite de soja sin refinar
1 t. de apio, finamente picado
1/2 t. de cebollas picadas
3 1/2 t. de champiñones finamente troceados
4 c. soperas de harina blanca sin blanquear
2 cubitos de concentrado de caldo de legumbres salado, disuelto en 3 t. de agua de manantial, tibia
1 pizca de polvo de «cari»
140 gr. de leche integral
3/4 t. de almendras blancas, finamente picadas
mantequilla

Saltear apio, cebolla y champiñones en el aceite, hasta que las cebollas queden transparentes. Espolvorear con harina removiendo constantemente hasta que las legumbres estén doradas. Retirar el perol del fuego, añadir el caldo de legumbres. Volver a ponerlo sobre la lumbre y cocer a fuego lento hasta que el apio esté tierno.

Salar al gusto.

A continuación, enfriar la mezcla espesada, y hacerlo antes de añadir la leche y el *cari* o verter inmediatamente estos dos ingredientes en la mezcla de champiñones.

Dorar las almendras en un poco de mantequilla hasta que adquieran un color cobrizo.

Servir la sopa caliente, adornándola libremente con almendras doradas.

Salen 4 raciones.

Sopa de lechuga y de tallarines

4 c. soperas de aceite de sésamo, sin refinar
1 t. de lechuga romana cortada en tiras de 2 cm. de ancho
1 t. de zanahorias cortadas en cuadraditos
1 cebolla mediana picada
3 ramas de apio picadas en cubos
2 cubitos de concentrado de caldo de legumbres, salado y disuelto en 4 t. de agua de manantial
2 c. de té de salsa de tamari
15 tallos de tallarines largos, o fideos de soja, o de huevos
sal marina

Calentar un *wok* o un perol hondo a fuego vivo, y verter el aceite removiéndolo para que se reparta sobre toda la superficie del recipiente. Añadir las legumbres y saltearlas, removiendo constantemente con una cucharada grande hasta que suban de color. Verter el caldo de legumbres y la salsa de tamari. Esperar que hierva todo. Añadir los tallarines y cocer a fuego lento de 5 a 10 minutos. Servir caliente, salar y esparcir al gusto chalotes picados.

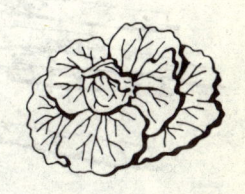

Salen 4 raciones.

LEGUMBRES DE NUESTRO PLANETA

Extraer de la tierra algunos platos de legumbres del Universo.

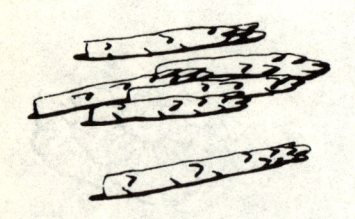

Pinchitos de legumbres adobados con finas hierbas

Encuentre de nuevo un pequeño jardín en su plato.

florecillas de coliflor *
tomates pequeños o partidos en cuartos
champiñones enteros
florecillas de brécol * o pimiento verde o coles de Bruselas enteras *
cebollitas enteras o cuartos de cebollas

Adobo de finas hierbas

120 gr. de aceite de soja o de aceite vegetal sin refinar
2 dientes de ajo machacados
1 c. sopera de perejil picado
1/4 c. de té de mejorana molida
1/2 c. de té de tomillo
una pizca de sal marina

Ensartar en el pinchito las florecillas de coliflor, los tomates pequeños, los champiñones enteros y los cuadrados de pimientos verdes o florecillas de brécol o coles de Bruselas y las cebollas enteras o en cuartos.

Barnizar con el adobo de finas hierbas, asar de 10 a 15 minutos a 190° C, o hasta que las legumbres estén tiernas y doradas. Servir sobre arroz, sobre cuscús natural o sobre pita caliente con una ensalada de hojas verdes.

* Cocer al vapor durante 5 minutos o hasta que estén tiernas.

Tempura de legumbres

Siéntese sobre inmensos cojines, para una cena japonesa estilo «tatami», y celébrela entre legumbres y entre amigos.

1/2 coliflor, desmenuzada en florecillas
1/2 kg. de zanahorias, cortadas tipo sopa juliana
2 t. de perejil fresco
aceite de cacahuete y de sésamo sin refinar

Pasta de huevos

1 huevo y 1 yema ligeramente batidos
1/2 c. de té de sal marina
1/4 c. de té de bicarbonato de sosa
1 1/2 t. de harina de repostería, molida y tamizada
1 1/4 t. y 1 c. sopera de agua de manantial
ramillete de perejil fresco
limonada «Diosa verde» (pág. 79)
limonada de tamari (pág. 61)
«ketchup» natural de tomates

Cocer las zanahorias y la coliflor, por separado, durante 5 minutos, al vapor.

Cubrir el fondo de un gran perol con la mezcla de aceite (80 % de cacahuete-20 % de sésamo). Calentar el aceite a 190° C y verificar la temperatura con ayuda de un termómetro de repostería.

Preparar la pasta de huevos: en un bol mediano, mezclar todos los ingredientes juntos con ayuda de un batidor metálico.

Empapar, utilizando *chopsticks*, una sola de las legumbres en la pasta de huevos y dejarla escurrir sobre una parrilla, echarla delicadamente en el aceite caliente y tenerla friéndose 3 minutos o hasta que la pasta esté dorada.

Retirar las legumbres del aceite y ponerlas al aire sobre servilletas de papel. Mantenerlas calientes en el horno a 120° C mientras se cocina el resto de las legumbres.

Disponer en grupos de legumbres sobre un plato de servicio caliente.

Adornar el centro del plato con un ramillete de perejil fresco o una flor de crisantemo.

Servir en los platos individuales y mojar las legumbres doradas en las limonadas de nuestra elección.

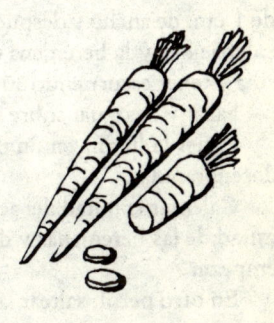

Pisto a mi manera

No hay razón para no ser uno mismo y para no hacer las cosas a nuestra manera.

4 calabacines medianos
1 berenjena mediana
1 c. de té de sal marina
1/2 t. de harina blanca sin blanquear
1/2 t. de aceite de soja sin refinar
2 cebollas medianas, picadas
4 dientes de ajo, machacados
1 kg. de tomates pelados y cortados en lonchas de 1 cm. de ancho
2 pimientos verdes cortados en tiras de 1 cm. de ancho
sal marina
3 c. soperas de perejil desecado
1/2 t. de queso parmesano o «Mozzarella», recién rallado

Cortar los calabacines en cuatro a lo largo, y después cortarlos en cuadraditos de 2,5 cm. de ancho. Cortar la berenjena en rodajas de 1 cm. de ancho y después en tiras de 7 cm. de largo. Colocar los calabacines y la berenjena en un colador, espolvorear con sal marina y tener escurriendo 30 minutos.

Sacar y desaguar sobre servilletas de papel.

Poner la harina en un plato y humedecer en ella las legumbres desengrasadas.

Calentar la mitad del aceite en un perol mediano; dorar en él la mitad de las berenjenas y de los calabacines enharinados. Volver a empezar.

En otro perol, saltear las cebollas y el ajo hasta que las cebollas estén transparentes; aromatizar con perejil, añadir los tomates y los pimientos y cocer 5 minutos.

Disponer en el fondo de una cacerola bien aceitada la mezcla calabacines-berenjenas; verter la salsa de tomate por encima y rociar con queso rallado. Cubrir y cocer a fuego lento de 15 a 20 minutos. Las legumbres deben estar tiernas, pero consistentes.

Servir con tallarines vegetales o con arroz natural y panes de pita.

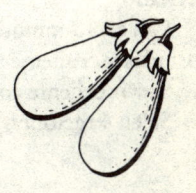

Salen 6 raciones.

Berenjenas rellenas para mis amigos

4 berenjenas medianas
agua
4 c. soperas de aceite de oliva o de soja, sin refinar
4 dientes de ajo, machacados
4 cebollas medianas, picadas
8 tomates rojos grandes y frescos, pelados y troceados
1/2 c. de té de sal marina
1 t. de queso «Cheddar», rallado
1 t. de corteza de pan de trigo recién rallada
4 c. soperas de mantequilla sin sal

Cocer las berenjenas en una cacerola grande llena de agua, esperar a que hierva, cubrir y cocer 10 minutos. Escurrir y cortar las berenjenas en dos, a lo largo.

Retirar la carne delicadamente conservando 6 mm. de espesor.

Calentar el aceite a fuego medio; añadir cebollas y ajo y cocerlos hasta que estén tiernos y dorados. Añadir los tomates, la carne de las berenjenas y la sal marina y cocer a fuego lento durante 10 minutos, removiendo de cuando en cuando.

Rellenar las pieles saladas de las berenjenas con la mezcla de tomates y rociar la parte de arriba con el queso, la ralladura de pan y algunas pellas de mantequilla. Disponer en un molde ligeramente aceitado.

Cocer 30 minutos a 180º C o hasta que las berenjenas estén tostadas y crujientes.

Servir caliente con buen pan francés.
Salen 4 raciones.

«Moussaka» con buenas vibraciones

Una inspiración griega, con vibraciones de Quebec.

1 berenjena grande, en rodajas de 1 cm. de ancho
1 c. sopera de sal marina
1/2 t. de harina blanca sin blanquear
1/2 t. y 2 c. soperas de aceite sin refinar
2 cebollas medianas picadas
2 dientes de ajo machacados
3 tomates grandes y frescos
1 c. sopera de perejil desecado
1 c. de té de sal marina
1 1/2 t. de queso «Ricotta» en crema
1/2 t. de queso parmesano rallado
1 huevo

Colocar las rodajas de berenjena en un colador, espolvorear con sal marina. Dejarlas desaguar durante 30 minutos. Orearlas sobre servilletas de papel.

Poner la harina en un plato y rebozar en ella las rodajas de berenjena por ambos lados.

En un perol mediano, calentar el aceite (1/4 taza por vez) y depositar la mitad de las rodajas de berenjena en el aceite caliente; dorar de 2 a 3 minutos por cada lado.

Con la ayuda de una espumadera, retirar las berenjenas y ponerlas a orear sobre servilletas de papel. Dorar el resto.

Preparar la salsa de tomate: escaldar los tomates, retirar la piel y cortarlos en cuatro trozos. En otro perol mediano, calentar 2 c. soperas de aceite de soja; dorar en este aceite las cebollas y el ajo hasta que las cebollas estén transparentes. Añadir los tomates troceados; aromatizar con perejil, salar y rehogar de 10 a 15 minutos a fuego lento.

En un cuenco mediano, mezclar el queso «Ricotta», 1/4 t. de queso parmesano y el huevo.

Extender la mitad de la salsa de tomate en un gran molde rectangular aceitado, verter en él la mezcla de queso «Ricotta» y, sobre esta mezcla de queso, colocar las rodajas de berenjena montadas unas sobre otras.

Escurrir el resto de la salsa de tomate y colocar los tomates sobre las berenjenas doradas; rociar con el resto del queso parmesano. Cocer en un horno, precalentado a 190º C, durante 40 minutos. Servir con una ensalada verde de garbanzos y de panes de pita.

Salen 4 raciones.

Coliflor rubia con cebollas

Una coliflor proporciona una cena cuando se le añaden buenos productos lácteos.

1 coliflor entera, bien lavada
3 c. soperas de mantequilla sin sal
1 1/2 t. de cebollas cortadas o picadas
3 c. soperas de harina blanca sin blanquear
1 1/2 t. de leche integral
2 t. de queso «Cheddar», rallado
1/2 c. de té de sal marina

Cocer la coliflor al vapor unos 15 minutos o hasta que esté tierna. Escurrir y colocar en un molde untado de mantequilla.

Saltear las cebollas en la mantequilla fundida, hasta que estén tiernas y rubias; añadir la harina y remover con un batidor para formar una pasta lisa, verter la leche y cocer a fuego lento hasta que la salsa espese; añadir 1 1/2 t. de queso y remover hasta que se derrita; verter la salsa de queso caliente sobre la coliflor y rociar con el resto del queso.

Colocar bajo la parrilla de 1 a 2 minutos o hasta que la superficie quede dorada.

Salen 4 raciones.

Endibias asadas

Aun cuando a menudo se haya dicho no a las endibias, se dirá sí a este plato exquisito y adorado por los más grandes pinches. Pero no olvide la menor porción de ingredientes, desde la cebolla al estragón.

3/8 kg. de endibias belgas, lavadas y desbrozadas
5 c. soperas de mantequilla sin sal
caldo de legumbres (1 cubito de concentrado de caldo de legumbre salado, disuelto en 1 t. de agua caliente)
una pizca de estragón
una pizca de sal marina
2 cebollas, cortadas en rodajas
4 zanahorias, cortadas en rodajas
una pizca de perejil
una pizca de «ramillete de especias» (pág. 112)

Cocer las endibias al vapor en un recipiente especial para cocinar en seco o en un poco de agua hirviendo durante 10 minutos. Quitar el exceso de líquido. Remover las endibias salteándolas 5 minutos en 3 c. soperas de mantequilla derretida. Cocer, removiendo las endibias en el perol, salar al gusto y aromatizar con una pizca de estragón. Disponer las endibias en una cacerola bien untada de mantequilla y reservar el caldo.

En un perol, saltear las legumbres con el resto de la mantequilla, aromatizar con perejil y con «ramillete de especias». Colocar las legumbres doradas sobre las endibias. Calentar el perol con el caldo, reducir y añadir sal marina al gusto. Verter el caldo sobre las legumbres y rociar con bolitas de mantequilla.

Cubrir y cocer a 150° C durante 25 minutos o hasta que las endibias estén tiernas. Servir sobre un arroz moreno, un cuscús natural o un puré de patatas con champiñones salteados o rellenos. Adornar el plato con cuartos de limón fresco.

Salen de 2 a 4 raciones.

Ramilletes de especias

Perfume su cocina, sus tisanas y sus salsas con tomillo, romero, estragón y salvia.

12 hojas de laurel
6 c. de té de tomillo desecado
6 c. de té de mejorana molida
6 c. de té de perejil desecado
6 c. de té de romero desecado

Machacar todas las hierbas en un mortero y disponer la mezcla en 12 círculos de muselina con mantequilla, de unos 11 cm. de diámetro.

Reunir los bordes y formar bolsitas; atar sólidamente con un bramante o con una cinta fina de algodón y dejar flotar los extremos.

Conservar en un bonito recipiente de cristal con tapadera.

Esta mezcla puede utilizarse para aromatizar platos, sopas, salsas, etc.

Salen 12 ramilletes.

«Crêpes» de espinacas

12 «crêpes» delgados (pág. 223)
3/8 kg. de hojas de espinacas frescas, troceadas
4 c. soperas de mantequilla sin sal
4 c. soperas de harina blanca sin blanquear
1 t. de leche integral
1 1/4 t. de queso «Mozzarella», rallado
1/8 c. de té de sal marina
2 c. soperas de cebollas partidas en rodajas
2 dientes de ajo, machacados
2 c. soperas de mantequilla sin sal, fundida
1/4 t. de queso parmesano finamente rallado
6 finas rodajas de queso «Mozzarella»

Cocer las espinacas al vapor durante algunos minutos hasta que estén tiernas.

Escurrir bien.

Derretir la mantequilla en un gran perol hondo; añadir las cebollas y cocer hasta que estén transparentes. Incorporar la harina y remover con un batidor para formar una pasta lisa; verter la leche lentamente, batiendo la salsa sin cesar. Salar, añadir el queso y remover hasta que esté derretido; trabar las espinacas cocidas con la salsa de queso.

Cocer los *crêpes* solamente por un lado y depositar 2 cucharadas soperas de la mezcla de espinacas en el lado no cocido del *crêpe*. Enrollar y colocar en un plato untado de mantequilla.

Verter la mantequilla derretida sobre los *crêpes* preparados y rociar con queso parmesano rallado; guarnecer con rodajas de queso «Mozzarella».

Cocer en un horno, calentado previamente a 180° C, durante 10 minutos, o hasta que el queso se haya derretido.

Servir con una ensalada de tomates al estilo Indiana.

Salen 4 raciones.

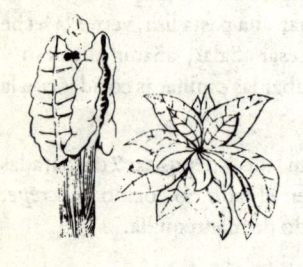

Patatas y cebollas en sobres

Nada da más calor al corazón que recibir una carta por correo. Estas son de patatas y no cuestan mucho.

4 patatas grandes, cortadas en rodajas de 6 mm. de ancho
4 cebollas grandes, en rodajas de 6 mm. de ancho
2 c. soperas de mantequilla sin sal
1 t. de queso «Emmenthal», rallado
sal marina
2 c. soperas de perejil picado
1 c. de té de cerafolio desecado
1 cubito de concentrado de caldo de legumbres, salado

Disponer en el centro de cuatro hojas de aluminio 1 rodaja de patata, 1 rodaja de cebolla (alrededor de 1 patata y 1 cebolla por sobre), y así sucesivamente hasta obtener un rollo; rociar la superficie con mantequilla y queso; salar al gusto, aromatizar con perejil, cerafolio y concentrado de caldo de legumbres.

Envolver herméticamente y cocer en el horno, precalentado a 180º C, durante 1 hora. Abrir el sobre y dorar, descubierto, 10 minutos. Delicioso con pinchitos de legumbres.

Salen 4 raciones.

Patatas «millonario»

6 patatas grandes, peladas y cortadas en finas rodajas
3 cebollas medianas, cortadas en rodajas
1 1/2 t. de crema espesa o ligera
1/2 c. de té de sal marina
3 c. soperas de mantequilla sin sal
1 t. de queso rallado («Cheddar», «Farmer» o suizo)
1 c. sopera de perejil picado

Untar con manteca una fuente rectangular poco profunda. Disponer en el fondo una hilera de cebollas, una hilera de patatas, una hilera de cebollas; salar, verter la crema y esparcir pellas de mantequilla, queso rallado y perejil.

Cubrir y cocer a 180º C durante 1 1/2 horas. Servir caliente.

Salen 4 abundantes raciones.

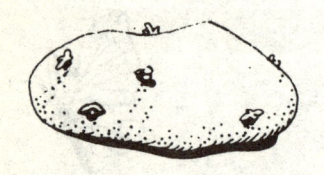

Patatas Brian

Patatas rellenas de queso, para ofrecer a aquel o aquella que le regale cebollitas

4 patatas grandes, lavadas y secadas, sin pelar
4 zanahorias grandes
2 pastinacas medianas
1 rodaja ancha de nabo
1 cebolla mediana
2 c. soperas de mantequilla sin sal
4 c. soperas de crema fresca
1 c. de té de sal marina
1 t. de queso «Cheddar» o «Emmenthal», rallado
1 cebolla mediana, picada
1 c. de té de perejil seco

Pinchar las patatas con un tenedor y cocerlas a 190º C, aproximadamente, durante 1 1/2 horas.

Cocer las legumbres al vapor hasta que estén tiernas. Retirar las patatas del horno y recortar en cada una de ellas una tapa de 2,5 cm. Quitar la carne de dentro.

En un cuenco mediano, poner la carne sacada de las patatas y las legumbres cocidas en puré; añadir la mantequilla, la sal marina, la crema y 150 gr. de queso. Saltear la otra cebolla en la mantequilla; aromatizar con perejil e incorporar a la mezcla.

Rellenar las patatas con el puré y esparcir por encima el resto de queso rallado.

Cocer de 10 a 15 minutos; asar 2 minutos o hasta que la superficie esté ligeramente dorada.

Si se tiene prisa, cocer las patatas peladas y las legumbres juntas; hacer un puré, unirlo al resto de los ingredientes, extender en un plato untado con mantequilla, rociar con queso y cocer hasta que una corteza dorada se forme por encima.

Salen 4 raciones.

Tarrito de crema ácida con verdura

250 gr. de queso a la crema
4 c. soperas de crema ácida
4 c. soperas de cebollino recién picado
4 c. soperas de cebollas finamente picadas, o
2 dientes de ajo machacados
sal marina

En un tarrito, batir todos los ingredientes juntos con una cuchara de madera.
Batir hasta la obtención de una crema lisa y homogénea.
Servir sobre patatas campestres.
Sale 1 taza.

EL BROTE DE SOJA Y LAS LEGUMINOSAS: LA PROTEINA DE MAÑANA

Existen tantas maneras de preparar platos de leguminosas como tipos de vegetarianos. Los puristas y los macrobióticos las prefieren al natural, los «ovolacto vegé» les añaden huevos y productos lácteos. Realizad vuestra elección, según el camino que hayáis elegido.

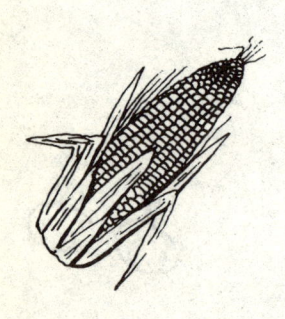

Hamburguesa vegetariana

Ya que toda América adora las hamburguesas, he aquí una hamburguesa diferente que debería gustar igual que las otras.

1/4 t. de brotes de soja
1/4 t. de cebada perlada
1/2 t. de lentejas anaranjadas
1 t. de caldo de legumbres
1 cubito de concentrado de caldo de legumbres, disuelto en agua de manantial
3/4 t. de zanahorias cortadas en rodajas
1/4 t. de cebollas cortadas en rodajas
1 t. de apio cortado en rodajas
1/2 t. de guisantes frescos
1/2 t. de mantequilla blanda, sin sal (opcional)
1/4 t. de harina de trigo integral, molido sobre piedra
3 huevos
1 1/4 t. de ralladura de pan integral (pág. 40)
1/4 t. de perejil picado
sal marina
8 lonchas de queso «Emmenthal»

Tener en remojo la cebada y los brotes de soja en el caldo de legumbres durante 2 horas.

En el mismo líquido de la maceración, cocer brotes de soja, cebada y lentejas a fuego lento en una cacerola tapada, hasta que la mezcla haya absorbido el líquido y los brotes de soja estén tiernos. Escurrir.

Poner en un gran bol las leguminosas y la cebada cocida, las legumbres frescas, la mantequilla, los huevos, la ralladura de pan, la harina y el perejil fresco. Salar al gusto.

Formar las hamburguesas añadiéndoles, si fuese necesario, más ralladura.

Disponer sobre una plancha bien untada de mantequilla; asar a 180° C durante 30 minutos o hasta que las hamburguesas estén bien doradas.

Colocar las lonchas de queso en la parte de arriba y volver a poner al horno durante 1 minuto.

Servir con *chips* natural y legumbres crudas.

Salen 8 hamburguesas.

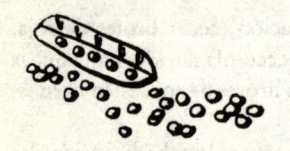

Las hamburguesas de sol

Solee su jornada, dore estas hamburguesas para la cena.

1/2 t. de lentejas naranja, lavadas
agua
sal marina
2 dientes de ajo enteros
2 patatas medianas, cocidas
1 cebolla mediana cortada en rodajas
1 t. de ralladura reciente de pan de trigo integral (pág. 40)
1/4 t. de semillas de sésamo
2 c. soperas de perejil fresco o seco
1 1/2 c. de té de sal marina
2 huevos
1/2 t. de germen de trigo
1/2 t. de ralladura reciente de pan de trigo integral
1/4 t. de aceite vegetal (sésamo, soja), sin refinar

Recubrir las lentejas con agua, añadir la sal y los dos dientes de ajo; esperar a que hierva, y tapar. Cocer a fuego lento hasta que estén tiernas. Cuando las lentejas estén cocidas, retirar los dientes de ajo, escurrir y, con ayuda de un tenedor, despachurrar la carne de las leguminosas contra un colador; hacer lo mismo con las patatas para eliminar el exceso de agua.

En un cuenco mediano, mezclar juntas las lentejas y las patatas trituradas; añadir la cebolla picada, la ralladura, las semillas de sésamo, la sal y el perejil. Incorporar un huevo batido y trabar los ingredientes juntos. Con las manos, formar cuatro grandes hamburguesas o seis más pequeñas.

En un bol poco profundo, batir el otro huevo; en otro plato, mezclar juntos germen de trigo y ralladura. Empapar primeramente cada hamburguesa en el huevo batido y a continuación en la mezcla ralladura-germen de trigo. Recubrir bien toda la hamburguesa y agitar ligeramente para eliminar las migajas.

En un gran perol, calentar el aceite a fuego medio; cuando esté caliente, disponer las hamburguesas en el perol con ayuda de una espumadera. Freír 10 minutos por cada lado o hasta que estén doradas como soles. Evitar que el aceite se caliente demasiado, porque las hamburguesas se abrasarían antes de freírse. Retirar el perol del fuego y depositar las hamburguesas sobre servilletas de papel para que éste absorba el exceso de aceite; o bien cocer al horno precalentado, sobre una chapa aceitada, a 190º C, durante 25 minutos. Servir con una ensalada apetitosa, como la ensalada de espinacas o la de zanahorias.

Salen de 4 a 6 raciones.

Albóndigas de nuez con salsa de queso

Servir este manjar sobre cuscús, espaguetis o arroz.

3/4 t. de lentejas verdes, crudas y lavadas
2 t. de agua de manantial
2 dientes de ajo enteros
sal marina
1 cebolla mediana, picada
1 diente de ajo, machacado
1 t. de ralladura de pan de trigo integral, tostada (pág. 40)
3/4 t. de nueces de Grenoble finamente picadas, o nueces mezcladas, tostadas al tamari *
2 huevos
1 1/2 c. sopera de salsa de «steak» o de tamari
1/2 c. de té de sal marina
2 gotas de salsa de pimiento rojo
1/4 t. de aceite de soja sin refinar
salsa bechamel de queso (pág. 127)

Poner a hervir el agua, añadir ajo, sal y lentejas verdes; cocer 25 minutos o hasta que la vaina de las leguminosas se abra. Escurrir en un tamiz. Triturar las lentejas o aplastarlas entre las manos; añadir la cebolla, el ajo, la ralladura, las nueces picadas, los huevos, la salsa de *steak* o de tamari, la sal y la salsa de pimiento rojo.

Formar 16 albóndigas. Calentar el aceite y dorar las albóndigas de 3 a 5 minutos por todas partes, alzándolas de cuando en cuando para evitar que se peguen al perol.

---

* Las nueces al tamari se encuentran en ciertos establecimientos de alimentación natural.

Servir con salsa bechamel de queso. Para variar, servir las albóndigas doradas con espagueti o *fettucini* con salsa de tomates frescos, o formar seis hamburguesas y cocerlas en el perol. Servir en un pan especial para hamburguesa, de trigo integral, en una hoja de lechuga, adornar con mayonesa, con una loncha de queso, con cebollas picadas, con tomate o con *ketchup* natural.

Salen 4 raciones.

Salsa bechamel

4 c. soperas de mantequilla sin sal
1/2 cebolla picada
1/2 t. de harina blanca sin blanquear
4 t. de leche integral
1/2 c. de té de sal marina
una pizca de perejil
una pizca de tomillo
una pizca de nuez moscada molida

En un gran perol, derretir la mantequilla, añadir las cebollas y cocer hasta que estén tiernas y transparentes. Añadir la harina y cocer en el mínimo hasta que la mantequilla haya absorbido la harina. Verter lentamente la leche removiendo con un batidor metálico. Cuando la mezcla haya espesado, añadir el resto de los ingredientes. Cocer en el mínimo, removiendo constantemente, y reducir a 3 tazas.

La salsa se conserva en frascos de cristal esterilizados durante dos días. Utilizar para hacer una salsa de queso o verter sobre legumbres cocidas al vapor.

Salsa bechamel de queso

Trabar 1 1/2 t. de queso «Cheddar» rallado, u otros quesos duros, con 3 t. de salsa caliente; remover hasta que el queso esté derretido.
Salen 3 tazas.

«Pâté» de lentejas

Este «pâté» está tan bueno caliente como frío; para tomar durante una velada, para las gentes apresuradas, aquellas que deben trabajar y llevarse el «refrigerio», o simplemente para llevarlo en una caminata. De todos modos, siempre es apreciado.

mantequilla sin sal, o aceite vegetal sin refinar
1 1/2 t. de lentejas verdes crudas
agua
sal marina
2 dientes de ajo, enteros
1/4 kg. de queso rallado («Cheddar», «Farmer», «Mozzarellla»)
1/2 t. de cebollas, cortadas en rodajas
1/4 t. de champiñones, lavados y cortados en rodajas (opcional)
1/2 c. de té de sal marina
2 dientes de ajo machacados
1 c. sopera de perejil fresco o seco
ralladura de trigo integral, tostada (1 t. o más) (pág. 40)
1 ó 2 huevos, ligeramente batidos
tallos de perejil fresco

Engrasar un molde de pan entrecho (22 × 8 cm.) con 1 c. sopera de mantequilla o de aceite; dejar así.

En una cacerola grande, verter las lentejas crudas y cubrirlas con agua; añadir la sal marina y los dos dientes de ajo enteros. Cocer a fuego lento hasta que estén tiernas y la vaina de las leguminosas se abra. Escurrir bien, retirar los dientes de ajo y enfriar.

En un gran bol, aplastar las lentejas cocidas entre las manos, añadir el queso, las cebollas y los champiñones, mezclando bien para trabar los ingredientes. Incorporar la sal marina, el ajo y el perejil; añadir el huevo o los huevos y la ralladura suficiente para que los ingredientes queden bien unidos. Si la mezcla es demasiado blanda, añadir más pan rallado; si es demasiado seca, añadir más huevo. Poner la mezcla bien apretada en el molde preparado. Formar pequeñas pellas de mantequilla y esparcirlas sobre la mezcla.

Cocer en el horno precalentado a 180° C durante 45 a 50 minutos o hasta que el *pâté* tenga consistencia y una aguja clavada en el centro salga limpia. Retirar el molde del horno; esperar al menos 5 minutos para volcarlo sobre una fuente caliente. Adornar el contorno del plato con perejil fresco y servir con una salsa de tomates frescos.

Servir caliente con patatas en puré. Para decorar el *pâté*, llenar una manga pastelera con puré de patatas, ajustarle un pico estrellado de 1 cm. y decorar el contorno del *pâté*.

Servir frío y decorarlo con rodajas de tomates y pepinos. Servir con una ensalada verde.

Salen 6 raciones.

«Pâté» chino de lentejas y maíz

1/2 receta de «pâté» de lentejas (pág. 128)
2 t. de granos de maíz fresco
mantequilla
sal marina
2 patatas medianas, cortadas
2 zanahorias medianas, en rodajas
1 pastinaca mediana, en rodajas
1 rodaja de nabo de 2,5 cm. de espesor
1/4 t. de leche integral
2 c. soperas de mantequilla sin sal
sal marina

Mezclar juntos todos los ingredientes del *pâté* de lentejas.

Cocer las patatas y los otros tubérculos al vapor hasta que estén tiernos. Hacerlos puré con la leche y la mantequilla, y salar al gusto.

Durante este tiempo, cocer el maíz al vapor hasta que esté tierno. Poner una taza de maíz cocido en una batidora y reducirlo a puré; unirlo al resto de los granos de maíz enteros, untar de mantequilla y salar al gusto.

En el fondo de una fuente rectangular de tamaño medio, extender el *pâté* de lentejas, después el maíz en crema de mantequilla, y por último el puré de patatas.

Con ayuda de un tenedor, trazar líneas decorativas sobre las patatas.

Asar en el horno precalentado a 180º C durante 50 minutos o hasta que las patatas estén doradas.

Servir con *ketchup* o salsa espesa de tomates.
Salen 4 raciones.

«Falafel» y pita

El aceite de sésamo tiene el encanto de realzar el gusto de estas albóndigas de garbanzos llenas de proteínas.

1 t. de garbanzos crudos o
1/2 kg. de garbanzos cocidos
3/4 t. de ralladora de pan de trigo integral
1 cebolla picada
1 huevo
2 c. soperas de perejil picado
3 dientes de ajo machacados
2 c. soperas de salsa «Tahini»
sal marina
1/2 c. de té de cúrcuma y de bicarbonato de sosa
1/4 c. de té de mejorana y de hojas de albahaca
aceite de sésamo
4 panes de pita partidos en dos
col o lechuga picada
pepinos cortados en cubitos
tomates cortados en cuadraditos

Salsa «Tahini»

1 t. de aceite de sésamo sin refinar
1/4 t. de agua de manantial
3/4 t. de zumo de limón fresco
2 c. soperas de perejil picado
1 diente de ajo machacado
1/2 c. de té de sal marina

La víspera, poner en remojo los guisantes. Al día siguiente, añadir en una cacerola el agua suficiente para cubrirlos; esperar a que hierva todo y dejar rehogar a fuego lento alrededor de 1 1/2 horas o hasta que los garbanzos estén tiernos. En un cuenco grande, triturar los garbanzos o hacer un puré en la batidora con un poco de corteza rallada. Incorporar en el cuenco la corteza rallada, la cebolla, el huevo, el perejil, el ajo, 2 c. soperas de salsa *Tahini*, la sal marina, la cúrcuma, el bicarbonato de sosa, la mejorana y las hojas de albahaca. Mezclar bien todo.

Con las manos humedecidas, formar 24 albóndigas de 2 1/2 cm. de diámetro, aproximadamente. Barnizar las albóndigas con aceite de sésamo y asarlas sobre una plancha bien aceitada a 200º C, alrededor de 15 minutos o hasta que las albóndigas estén bien doradas y crujientes. Dejar escurrir bien sobre servilletas de papel. Servir tal cual con la salsa *Tahini* o rellenar media pita con tres albóndigas de *Falafel*, la col, los tomates y los pepinos troceados; rociar con salsa *Tahini*.

Abrir esta comida con un vaso de zumo de legumbres fresco y servir con bastoncillos de hortalizas crudas y *chips* naturales.

Salen 8 raciones.

Caldereta de habas al horno

La caldereta favorita de nuestras casas, servida a la vegetariana.

1/2 kg. de alubias blancas, lavadas y escurridas
agua
2 cebollas, partidas en rodajas
2 c. de té de sal marina
2 c. de té de vinagre de sidra de manzana
3 c. de té de mostaza seca
1/3 t. de azúcar de Barbados, o azúcar terciada
1/3 t. de almíbar de arce puro
1/2 t. de salsa o de puré de tomate o de «ketchup» natural
1/2 t. de aceite de soja sin refinar

En una gran olla *, poner las habas secas y 1 c. de té de sal marina; añadir agua suficiente para recubrir las alubias.

Dejar que hiervan 2 minutos, apagar el fuego y tener las habas en remojo durante 1 hora. Ponerlas a hervir una vez más a fuego lento durante 30 minutos.

Escurrir las habas y conservar el líquido.

En el fondo de una olla de barro, o de una caldera profunda, disponer las rodajas de cebolla y añadir las habas cocidas.

En un cuenco pequeño, mezclar el resto de los ingredientes; verter sobre las habas y añadir el agua de la cocción hirviendo hasta recubrir las habas. Cubrir la olla o la caldera, y cocer al horno a

---

* Cuando se cuecen las habas en una olla de barro, se deja remojar la cacerola en un baño de agua durante 10 minutos antes de utilizarla.

120° C durante 6 horas. Añadir el agua necesaria para que las habas estén siempre recubiertas de líquido.

Retirar la tapadera y cocer 1 hora. Servir las habas calientes directamente de la caldereta, con pan *pumpernickel* o *muffins* de salvado.

Salen 6 raciones.

Tacos de fríjoles refritos

He aquí una prueba de que se pueden respetar los principios vegetarianos incluso comiendo tacos de México.

2 t. de habas de riñón, rojas
2 cebollas, finamente picadas
3 dientes de ajo, machacados
polvo de chile, o chile seco
3 c. soperas de aceite de soja sin refinar
2 tomates grandes, pelados y cortados en cuartos
1 t. de champiñones picados
4 conchas de tacos crujientes
1/2 t. de queso «Cheddar», rallado
1 t. de lechuga, picada en tiras
1 tomate grande, picado

Preparar las habas en una cacerola mediana y añadir suficiente agua para recubrirlas; añadir un diente de ajo, una cebolla y el chile que se quiera.

Recubrir la cacerola, esperar a que hierva, reducir el fuego y cocer hasta que las habas estén tiernas. Salar al gusto. Hacer un puré con la batidora.

Preparar la salsa de tomate, calentar el aceite a fuego medio, dorar las cebollas y el ajo; añadir los champiñones, aromatizar con perejil, y salar al gusto; añadir los tomates, verter el puré de habas de riñón y cocer removiendo con una cuchara de madera, hasta que el líquido se haya evaporado totalmente, unos 5 minutos aproximadamente.

Rellenar con la mezcla los tacos calentados; rociar de queso rallado, lechuga y tomates picados. Servir con aceitunas negras, con cuartos de aguacate al limón o con una salsa guacomole.

Salen 4 raciones.

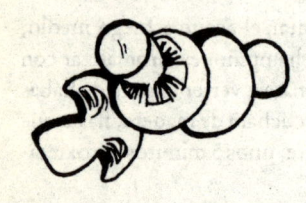

«SANDWICHES» EN LA BOLSA

¡Los mejores sandwiches son improvisados, como una bella jornada o como un paseo en lancha por un lago! Ingredientes frescos y pan de granos integrales es cuanto se necesita para que la cosa se ponga en marcha.

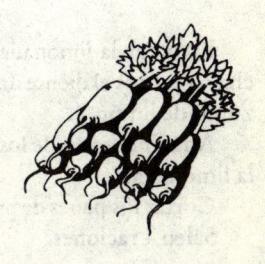

Ensalada de col en «sandwich»

Intente meter este relleno en un pan grande y se estará riendo hasta mañana.

4 panes pita medianos, de trigo integral
1/2 col blanca, finamente picada
1 aguacate mediano cortado en cuadraditos
1/2 t. de habas «mung», germinadas
4 tomates cortados en cuartos
2 zanahorias medianas, lavadas y ralladas
1/2 pepino, pelado y picado en cuadraditos
1 pimiento verde, cortado en cuadrados
1/2 t. de queso rallado («Raclette», «Cheddar», «Farmer»)
2 c. soperas de semillas de sésamo doradas

Limonada

50 gr. de aceite de sésamo sin refinar
1/4 t. de zumo de limón fresco
1 diente de ajo machacado
1/4 c. de té de mostaza seca
3/4 c. de té de sal marina

Preparar la limonada en el fondo de una gran ensaladera: machacar juntos el diente de ajo y la sal, añadir la mostaza, el aceite y el zumo de limón.

Añadir el resto de los ingredientes y trabar bien la ensalada con la limonada.

Cortar los panes de pita en dos y rellenarlos con ensalada de col. Salen 4 raciones.

«Sandwich too much»

Un «sandwich» que está lejos de ser una birria para aquellos que no tienen más que agujeros en el fondo de sus bolsillos.

**4 rebanadas de pan «pumpernickel»
mantequilla sin sal
col de Saboya cortada en tiras
tomates cortados en rodajas
queso «Mozzarella», o suizo, en tajadas finas**

Untar de mantequilla las 4 rebanadas de pan por ambos lados. Colocar sobre dos de ellas la col picada, los tomates y el queso. Recubrir con las otras dos rebanadas de pan.

Calentar una sartén y dorar los *sandwiches* a fuego medio, apretándolos fuertemente con una ancha espátula; darles la vuelta y dorar por el otro lado. Servir con una ensalada de col o con *choucroute*.

Salen 2 *sandwiches*.

«Sandwich» de tomate, aguacate y alfalfa germinada

«Sandwiches» como éste los comería de lunes a sábado.

4 rebanadas espesas de pan fresco de trigo machacado (pág. 20)
mantequilla
mayonesa casera (pág. 73)
4 hojas de lechuga romana
de 4 a 6 rodajas de tomates frescos
4 rodajas de pimiento verde, o
4 cuartos de aguacate de unos 4 cm. de ancho, aproximadamente, rociados con zumo de limón fresco
semillas de alfalfa, o habas «mung» germinadas

Untar con mantequilla las rebanadas de pan, extender un poco de mayonesa y colocar las hojas de lechuga, las rodajas de tomate, las rodajas de pimiento o de aguacate, y después rociar con habas o con semillas germinadas. Salar al gusto y cortar en dos.

Servir con un gran vaso de zumo de zanahorias o de legumbres frescas.

Salen 2 *sandwiches*.

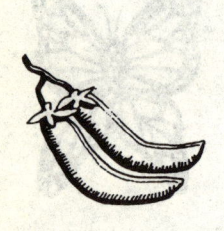

Rulada suiza de legumbres

2 grandes panes libaneses, o de pita
250 gr. de queso suizo, o «Emmenthal»
1/2 cogollo de lechuga cortada en tiras de 2 cm., aproximadamente
tomates cortados en rodajas
cebollas partidas en rodajas

Separar los grandes panes libaneses en dos y colocar sobre toda la extensión de cada mitad lonchas finas de queso «Emmenthal». Mezclar la lechuga, la cebolla y los tomates picados, salar al gusto y extenderlo sobre el queso. Enrollar el pan como un *crêpe,* ponerlo sobre una plancha y cocer al horno precalentado a 200° C durante 5 minutos, o hasta que el queso se derrita.

Servir con patatas y cebollas en sobres (pág. 115).

Salen 4 raciones.

PLATOS DE HUEVOS

Una gallina dedicada a los huevos orgánicos, que pone platos psicodélicos.

Pastel* Manon de cebollas

Estando Lorena demasiado fatigada, Manon debió tomar el relevo por algunos años.

Pasta para un pastel de hojaldre de 23 cm. (pág. 147)

Crema de huevos

1/2 t. de crema ligera **
1/2 t. de crema espesa
4 yemas de huevo
una pizca de sal marina
una pizca de «paprika»
una pizca de nuez moscada molida
2 cebollitas, finamente picadas
250 gr. de queso «Gruyère», cortado en lonchas
mantequilla
perejil
una pizca de «ramillete de especias» (pág. 112)

Sobre una chapa enharinada, rebajar la pasta a 3 mm. de espesor, plegarla en dos y echarla en un molde de flan ligeramente engrasado. Pinchar el fondo de la pasta con un tenedor. Barnizar ligeramente la superficie con una clara de huevo y cocer al horno a 190º C durante 120 minutos.

Componer la crema de huevos mezclando bien los ingredien-

---

* En el original, Quiche. El «quiche Lorraine» es el más típico de todos. *(N. del T.)*
** Para una mayor consistencia, utilizar 1/2 t. de crema espesa.

tes. En un perol mediano, saltear las cebollas hasta que estén tiernas y transparentes; añadir algunas pizcas de perejil y de «ramillete de especias». Disponer las cebollas en el fondo de la pasta de hojaldre que se preparó con anterioridad, recubrir uniformemente con lonchas de queso «Gruyère» y verter encima la crema de huevos.

Cocer en un horno, precalentado a 190° C; durante 35 ó 45 minutos, o hasta que haya crecido y esté bien dorado y la corteza aparezca crujiente. Dejar enfriar 5 minutos antes de partirlo. Servir con una ensalada de hojas.

Salen 6 raciones.

Pastel del naturista

Este pastel es variable como un huevo. Añádale hierbas, «Mozzarella», «Cheddar», calabacines, tomates y espinacas.

pasta para pastel de hojaldre de 23 cm. (pág. 147)

Crema de huevos

1 t. de crema ligera
3 huevos: 1 huevo completo y 2 yemas
2 c. soperas de harina de repostería de trigo integral, molida sobre piedra y tamizada, o harina blanca sin blanquear
sal marina
nuez moscada
«paprika»
1 3/4 t. de queso «Farmer», rallado *
6 cebollas medianas: 4 picadas y 2 cortadas en rodajas
1 diente de ajo machacado

Sobre una plancha enharinada, rebajar la pasta a 3 mm. de espesor aproximadamente, doblar la pasta en dos y deslizarla sobre un molde de flan ligeramente engrasado. Pinchar el fondo de la pasta con un tenedor. Barnizar ligeramente la superficie con una clara de huevo. Cocer al horno a 190° C durante 10 minutos.

Durante este tiempo, preparar la crema de huevos: con un batidor metálico, batir juntos los huevos, la harina, la sal, la nuez moscada y la *paprika*.

---

* Pueden ser utilizados otros quesos: suizo, «Muenster», «Port Salut», «Cheddar», «Mozzarella».

Disponer el queso rallado en el fondo de la pasta de hojaldre, añadir las cebollas picadas, verter la crema de huevos por encima y adornar con rodajas de cebolla.

Cocer al horno, a 200° C, de 35 a 45 minutos, hasta que haya subido y tenga un tono dorado y la corteza esté crujiente. Dejar enfriar 5 minutos antes de cortarlo.

Pastel de legumbres

Reemplazar las cebollas por otras legumbres. Cocer 1 1/2 t. de legumbres (espinacas, calabacines, brécol, coliflor, etc.) hasta que estén tiernas. Espolvorear con queso y cocer al horno.

Salen 6 raciones.

Hojaldre de trigo integral

Conserve todos sus restos de hojaldre y haga confituras a todo el que quiera.

3 1/4 t. de harina de repostería de trigo integral, molido sobre piedra y tamizado
1 c. de té de sal marina
1/2 c. de té de pasta de polvo
250 gr. de mantequilla sin sal, dura
1 huevo ligeramente batido
1 1/2 c. de té de vinagre de sidra de manzana
agua de manantial

En un bol grande, mezclar harina, sal marina, azúcar y pasta de polvo. Añadir la mantequilla dura, y con ayuda de un cuchillo para pasta, partirla en pequeñas pellas. Amalgamar la grasa y la harina hasta que la mezcla se asemeje a una corteza de pan rallado ordinaria. En una taza de medir, añadir el huevo batido y el vinagre y verter agua suficiente para que dé 140 gr. de líquido. Hacer un hoyo en el centro de la mezcla y verter los ingredientes líquidos. Mezclar bien. Amasar ligeramente la pasta hasta que esté lisa, hacer una bola con ella y envolverla en un papel encerado. Enfriar 1 hora. Enrollar sobre una plancha ligeramente enharinada, doblar en dos y colocar en el molde.

Corteza al queso

Añadir 1/2 t. de queso «Cheddar» rallado a los ingredientes secos.

Sale pasta suficiente para 2 tortas de 2 cortezas o 4 hojaldres.

Huevos rellenos «México»

Un plato de huevos, buenos para repicar, ¡Olé!

8 huevos cocidos
2 aguacates medianos, maduros y picados
1 c. de té de zumo de limón fresco
2 dientes de ajo machacados
1/2 pimiento verde cortado en rodajas
1/2 c. de té de zumo de limón fresco
1/2 c. de té de sal marina
2 c. de té de perejil seco, picado
de 2 a 4 c. soperas de mayonesa
1/2 cogollo de lechuga, en tiras.
2 tomates picados

Regar los aguacates con zumo de limón fresco. Partir los huevos cocidos por la mitad y retirar las yemas.

Con ayuda de una cuchara de madera, aplastar las yemas de huevo duro y la carne de los aguacates contra un colador encima de un cuenco mediano; añadir el ajo, el pimiento, el zumo de limón, la mayonesa, la sal marina y el perejil. Remover bien. Rellenar las claras de huevo con la mezcla de aguacate.

Adornar una fuente con lechuga y tomates picados; colocar en ella los huevos rellenos. Enfriar 30 minutos antes de servir.

Salen de 4 a 8 raciones.

Huevos sobre pan a la brasa con cari de la India

4 huevos cocidos
2 rebanadas de pan de trigo integral
mantequilla

Salsa de cari de la India

2 c. soperas de mantequilla sin sal
1 cebolla cortada en rodajas
1 c. sopera de arrurruz
1 c. de té de polvo de cari de la India
1 t. de leche integral
1/4 t. de crema ligera
sal marina

Cocer los huevos de 8 a 10 minutos hasta que estén duros. Durante este tiempo, preparar la salsa de cari: en un perol grande y hondo, derretir la mantequilla, añadir las cebollas en rodajas y saltearlas hasta que estén tiernas y transparentes. Añadir el polvo de arrurruz y, con ayuda de un batidor, trabar bien con la mantequilla; verter la leche y remover constantemente, sobre un fuego mediano, con el batidor metálico hasta que espese la mezcla; añadir el polvo de cari, salar al gusto e incorporar la crema ligera a la salsa. Guardar al calor.

Asar a la brasa las rebanadas de pan de trigo en un horno a 200° C, hasta que estén doradas.

En un plato, colocar una rebanada de pan asado, adornarlo con rodajas de huevos cocidos y verter encima la salsa de cari, caliente.

Servir con espárragos frescos cocidos al vapor.

Salen 2 raciones.

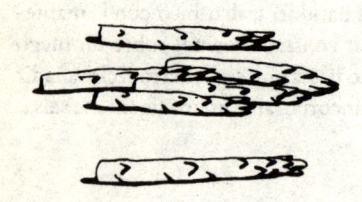

Nube de huevos para dos

Una tortilla de patatas, queso y cebolla, que flota en el perol como una nube rubia.

4 c. soperas de aceite vegetal, o de mantequilla sin sal
1 cebolla mediana, finamente picada
4 patatitas, peladas y cortadas en finas rodajas
1 diente de ajo, picado y machacado
4 huevos
3/4 t. de queso «Cheddar», rallado
sal marina

En un gran perol, calentar el aceite a fuego lento. Cuando esté caliente, añadir la cebolla, las patatas y el ajo. Salar al gusto. Dorar 15 minutos, removiendo de cuando en cuando, hasta que las patatas estén tiernas.

Entre tanto, preparar la tortilla: batir los huevos con un batidor metálico hasta que la mezcla sea espumosa.

Derretir la mantequilla en un perol fuerte de hierro fundido esmaltado que pueda meterse en el horno; verter en él los huevos y cocer a fuego medio hasta que la base de la tortilla esté cocida.

Retirar del fuego, disponer las patatas doradas sobre la tortilla, rociar con queso y poner bajo la parrilla con el fin de cocer la parte de arriba.

Cuando la tortilla haya esponjado y esté dorada como una nube rubia, retirar del horno y servir inmediatamente con una ensalada de tomates a la indiana.

Salen 2 raciones.

«Soufflé» de corazones del jardín

Celebrar la fiesta de los enamorados compartiendo un «soufflé» de corazones de alcachofa * entre dos.

6 alcachofas grandes, ó 12 pequeñas
1 limón cortado en cuartos
600 ml. de agua
3 c. soperas de sal marina
6 corazones de alcachofa
1/4 t. de harina blanca sin blanquear
2 t. de agua
2 c. soperas de zumo de limón fresco
1 c. de té de sal marina
6 c. soperas de mantequilla sin sal
6 c. soperas de harina blanca sin blanquear
1 1/4 t. de leche integral
sal marina
1/4 c. de té de nuez moscada molida
2 c. soperas de nata líquida
75 gr. de queso «Gruyère», rallado
6 corazones de alcachofa recién cocidos
4 yemas de huevo
5 claras de huevo
aceite vegetal
55 gr. de queso «Gruyère», rallado fino

Preparar y cocer las alcachofas. Con ayuda de un cuchillo, cortar el tronco de cada alcachofa, quitar las hojas estropeadas,

---

* Los corazones y las flores de alcachofa jamás se deberían cocer en aluminio o metal, porque la carne se vuelve gris y toma el gusto metálico de la cacerola. Utilizar cristal, hierro esmaltado, *pyrex* o porcelana.

colocar la pieza de lado y cortar alrededor de 1/3 de la parte de arriba. Con ayuda de unas tijeras, cortar la punta de cada pétalo a 6 mm. aproximadamente, de alto. Lavar las alcachofas con agua fresca y barnizar las puntas de los pétalos cortados con zumo de limón, para evitar que se ennegrezcan. Retirar el corazón de cada una separando los pétalos, quitar algunas de las hojas que rodean el corazón; con ayuda de una cuchara, retirar el corazón o volverlo entre los dedos, raspar y sacar los pelillos sedosos del fondo con una cuchara; rociar el centro de la flor con zumo de limón y volver a cerrar; sumergir inmediatamente alcachofas y corazones en un baño de agua fresca con limón.

Poner a hervir agua en una gran cacerola, añadir la sal y el aceite, sumergir las flores de alcachofa cabeza arriba y dejar que hiervan lentamente de 15 a 30 minutos (dependiendo del grosor), o hasta que las hojas estén tiernas y se quiten fácilmente.

Escurrir del revés en un colador. Cocer y blanquear los corazones de alcachofa. Prepararlos. Poner la harina en una cacerola y remover, con la mitad del agua, para hacer una pasta lisa.

Añadir el resto del agua, o más para llenar una pequeña cacerola hasta el borde. Añadir zumo de limón y sal; cocer a fuego lento 5 minutos. Echar los corazones preparados y cocer hasta que estén tiernos. Escurrir los corazones cocidos y picar finamente.

Preparar la salsa *soufflé:* derretir la mantequilla en un gran perol, añadir la harina y cocer 2 minutos; retirar del fuego y echar la mitad de leche en la mezcla removiendo con un batidor metálico; volver a poner el perol en el fuego y verter el resto de la leche y la crema; salar al gusto y rociar con nuez moscada; cocer de 3 a 4 minutos o hasta que la salsa haya espesado; añadir 75 gr. de queso rallado, enfriar y echar las yemas de huevo y los corazones picados.

En otro recipiente, batir las claras a punto de nieve, añadir una pizca de sal y batir hasta que formen picos consistentes.

Con ayuda de una espátula de caucho, amalgamar las claras de huevo y la mezcla de las yemas. Abrir todas las flores de alcachofa, barnizar bien el interior y el exterior de las hojas con el aceite vegetal y llenar la abertura de salsa *soufflé*. Rociar la superficie con queso finamente rallado.

Depositar las flores rellenas en un plato aceitado. Cocer en un horno precalentado, de 25 a 35 minutos, dependiendo del grosor de la flor o hasta que la superficie esté dorada y bien inflada. Servir con zanahorias escarchadas con miel.

Salen 6 raciones.

CELEBRAR ENTRE AMIGOS

Una de las alegrías de celebrar entre amigos es que uno pone la salsa de los espaguetis y el otro le enseña a confeccionar los «fettucini».

Salsa de tomates frescos

Una salsa de tomates frescos de la viña, ideal para guardar la línea.

**8 tomates medianos, rojos, frescos y maduros
1 c. sopera de aceite de oliva virgen o de soja sin refinar
1 cebolla mediana picada
2 dientes de ajo machacados
perejil seco
sal marina**

Sumergir los tomates en un baño de agua hirviendo hasta que la piel del fruto se quite fácilmente. Enjuagar en agua fresca, quitar la piel, sacar el corazón y cortar en cuartos.

En un gran perol, calentar un poco de aceite de oliva, añadir la cebolla y el ajo; cocer a fuego medio hasta que las cebollas estén transparentes; añadir 6 tomates en cuartos, aromatizar y salar al gusto; cocer a fuego lento.

Durante este tiempo, triturar los otros 2 tomates en una batidora y hacer un puré; verter en la salsa y cocer a fuego lento durante 20 minutos, removiendo de cuando en cuando.

Salsa de tomates y champiñones

Saltear 2 t. de champiñones troceados en un poco de mantequilla y añadirlos a la salsa de tomates.

Salen 2 tazas.

Pastas de huevo caseras

- 2 t. de harina blanca sin blanquear
- 1 t. de harina de repostería de trigo integral, molida sobre piedra y tamizada
- 1 c. de té de sal marina
- 4 huevos
- 1 c. sopera de aceite de oliva virgen

Tamizar, juntas, las dos harinas y la sal marina sobre un amplio mostrador, formar una montaña y hacer en el centro un pozo lo bastante grande para que los huevos quepan en él.

Cascar los huevos en el pozo, añadir el aceite, batir los huevos con la punta de los dedos como para hacer una tortilla y, después, recubrirlos con harina a partir de los lados del pozo hacia el centro. Formar una bola y amasar a mano de 8 a 10 minutos, o hasta que la pasta quede lisa. Añadir un poco de harina si la pasta está demasiado pegajosa y un poco de agua fría si está demasiado seca.

Cuando la pasta esté ligera y elástica, colocarla en una bolsa de plástico y dejarla reposar en un lugar fresco o en el frigorífico durante 1 hora.

Dividir la bola en cuatro partes, volviendo a meter en la bolsa de plástico tres de ellas; rebajar cada cuarto hasta convertirlo en un cuadrado de unos 12 × 12 cm.

Enharinar bien el rollo de pasta alimenticia y pasar cada cuarto a través de él, comenzando por el número 1 hasta el número 5, pasando la pasta una vez por cada número o hasta que se obtenga una banda de alrededor de 1,14 metros de largo por 12 cm. de ancho. Colocar las bandas sobre una chapa enharinada y recubrir con un plástico o un papel de celofán; proceder del mismo modo con los otros cuartos.

Cortar cada banda en tres o cuatro partes iguales con el fin de obtener la longitud de pasta deseada; es decir, de 30 a 40 cm., aproximadamente.

Ajustar la máquina * para cortar los *fettucini*, pasando, a la vez, una ligera banda enharinada. Separar y extender las pastas sobre una servilleta seca. Dejar secar de 30 minutos a 1 hora y cocer cuanto antes.

Para cocer las pastas: llenar una cacerola grande y honda con 1 1/2 litros, aproximadamente, de agua fresca, para cocer 1/2 kg. de pastas; esperar a que hierva. Cuando el agua esté en plena ebullición, añadir 1 c. sopera de sal marina y 1 c. sopera de aceite de oliva, virgen (el aceite impide que las pastas se peguen entre sí); cocer de 1 a 5 minutos hasta que las pastas queden en su punto *(al dente)*. Escurrir en un colador y servir calientes, al natural, con mantequilla de finas hierbas y queso parmesano o con salsa de tomates frescos y queso parmesano, o salsa bechamel de queso.

Salen 4 raciones.

* A falta de una máquina para pasta, estirarla a mano con un rodillo hasta que quede fina como una hoja de papel. Cortar las bandas con un cuchillo ancho y bien afilado.

Pasta verde

- 3 t. de hojas de espinacas frescas, sin rabo
- 2 t. de harina blanca sin blanquear
- 1 t. de harina de repostería, de trigo integral, molida sobre piedra
- 1 c. de té de sal marina
- 2 huevos, batidos
- 1 c. sopera de aceite de oliva virgen, o de sésamo sin refinar

Cocer las espinacas al vapor 2 minutos. Hacerlas puré en una batidora, añadiéndoles una cucharada sopera de agua de cocción.

Preparar las pastas: tamizar, juntas, las dos harinas y la sal sobre una tabla. Formar una montaña y cavar en el centro un pozo lo bastante grande para recibir los huevos y el puré verde; añadir aceite, los huevos batidos y 1/2 taza de puré de espinacas. Batir con la punta de los dedos, como para hacer una tortilla, y recubrir con harina la mezcla de los huevos. Formar una bola y amasar a mano de 8 a 10 minutos, o hasta que la pasta quede lisa; añadir un poco más de harina si la pasta está demasiado pegajosa.

Para el resto de la receta, seguir las mismas indicaciones que para las pastas de huevo caseras.

Salen 4 raciones.

«Fettucini» con champiñones y espinacas

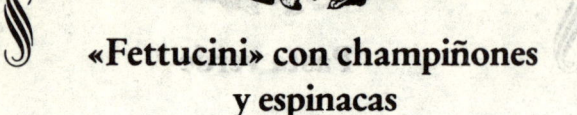

4 t. de salsa de tomates frescos (pág. 156)
1/2 kg. de champiñones, lavados y troceados
2 c. soperas de mantequilla sin sal
una pizca de finas hierbas: albahaca, orégano, romero, tomillo
sal marina
1/2 kg. de «fettucini» caseros, de soja o de huevo
1 t. de queso parmesano o romano, finamente rallado
750 gr. de hojas de espinacas frescas, bien lavadas

Preparar la salsa de tomates frescos.

Derretir la mantequilla y saltear los champiñones; añadir finas hierbas y sal marina al gusto.

Cocer las pastas. Entre tanto, depositar las hojas de espinacas en una fuente caliente, verter también las pastas calientes y rociar con algunas pellas de mantequilla. Verter la salsa de tomates frescos en el centro y recubrir con champiñones dorados y queso parmesano o romano, rallado.

Servir con pan de finas hierbas, después de haber abierto la comida con unos entremeses o una ensalada romana «chef».

Salen 4 raciones.

«Fettucini» Madre naturaleza

Mi cocina es la naturaleza; mi escuela, la vida.

4 raciones de «fettucini» caseros (1/2 kg., aproximadamente), o de pastas de soja o de huevo
2 dientes de ajo machacados
mantequilla
sal marina
perejil picado
1 cebollita, cortada en lonchas y dorada, o
1 diente de ajo machacado
2 t. de salsa de tomates frescos, caliente (pág. 156)

Salsa a la crema

4 c. soperas de mantequilla sin sal
2 c. soperas de arrurruz
1 t. de leche integral
1 t. de crema líquida
sal marina
8 lonchas finas de queso «Mozzarella»

Preparar la salsa de tomates frescos.

Preparar la salsa a la crema: en un gran perol, derretir la mantequilla a fuego mediano, añadir el arrurruz y remover con un batidor metálico para formar una pasta; verter lentamente la leche y la crema, sin dejar de remover; salar al gusto. Conservar caliente, y recubrirlo, para que no se forme por encima una capa.

Cocer las pastas en 1 ó 1 1/2 litros de agua hirviendo. Añadir

1 c. sopera de aceite de soja y 1 c. sopera de sal marina; echar las pastas y cocer de 5 a 10 minutos o hasta que estén en su punto.

Escurrir en un colador y añadir mantequilla, sal, perejil, ajo o cebolla al gusto.

Colocar las pastas en el fondo de un gran molde, profundo y rectangular, untado de mantequilla; verter en el centro la salsa a la crema, caliente. Si la salsa está demasiado espesa, diluirla con 1/4 t. de leche y esparcir a continuación la salsa de tomate; recubrir con anchas rodajas de queso.

Meter el plato en el horno, precalentado a 190º C, y cocer 20 minutos o hasta que el queso esté bien dorado. Servir en el mismo plato con una ensalada de espinacas y de pan corruscado de hierbas finas.

Salen 4 raciones.

Albóndigas de espinacas

Los romanos no se equivocaban cuando añadían a los «dumplings» espinacas y queso «Ricotta».

1/4 kg. de hojas de espinacas frescas
1 1/2 t. de queso «Ricotta»
1 t. de queso parmesano, rallado
1 3/4 t. de ralladura de pan de trigo integral, tostada (pág. 40)
2 huevos
1 cebolla finamente picada
1 c. de té de sal marina
una pizca de nuez moscada
una pizca de albahaca
1/3 t. de mantequilla derretida
1 c. de té de sal marina

Cocer las espinacas al vapor unos 3 minutos. Picar finamente las hojas cocidas.

En un cuenco grande, mezclar las espinacas, el «Ricotta», 1/3 del queso parmesano, el pan rallado, los huevos, la cebolla picada, la sal, la nuez moscada y la albahaca. Formar bolas del grosor de una nuez de Grenoble. Rebozar en la harina blanca sin blanquear. Disponer sobre una gran tabla enharinada, cubrir y refrigerar 2 ó 3 horas.

Sumergir delicadamente las albóndigas en 1 1/2 litros de agua caliente, salada, justo antes de que hierva. Dejar escalfar a fuego lento (sin que llegue a hervir) de 8 a 10 minutos. Las albóndigas subirán a la superficie cuando estén cocidas. Retirarlas con una cuchara agujereada y escurrirlas sobre una servilleta de papel.

Verter la mitad de la mantequilla fundida en una gran fuente que pueda meterse en el horno. Disponer las albóndigas en el fondo en una sola capa. Regar con el resto de la mantequilla y esparcir el resto de queso parmesano sobre la superficie. Colocar la fuente en el *grill* 5 minutos o hasta que las albóndigas estén doradas. Servir con una salsa de tomates frescos (pág. 156).

Salen 6 raciones.

Calabacines y espaguetis

Sí, sí, sí...

6 calabacines, limpios y blanqueados
2 c. soperas de aceite vegetal sin refinar
1/2 t. de cebollas, cortadas en rodajas
2 dientes de ajo machacados
sal marina
2 t. de salsa de tomates frescos (pág. 156)
perejil picado
2 t. de queso «Cheddar», rallado
1/2 kg. de espaguetis de granos integrales (soja, huevos o caseros)
1 1/4 litros de agua
1 c. sopera de sal marina
1 c. sopera de aceite de oliva virgen
1/4 t. de mantequilla de finas hierbas (pág. 54)

Limpiar los calabacines con ayuda de un cuchillo bien afilado. Cortar las extremidades y cepillar las hortalizas bajo el chorro de agua fría. Cortar los calabacines en dos, a lo largo; escurrirlos para eliminar el agua, cuidando que la hortaliza no pierda su auténtico sabor. Sumergir las hortalizas en un baño de agua hirviendo y cocer unos 5 minutos; dejarlas enfriar. Cortarlas en dos una vez más y después en cubitos, a lo largo; secarlas en servilletas de papel.

En un gran perol, calentar el aceite y añadir el ajo, la cebolla y los calabacines; saltear, removiendo con una cuchara de madera, reducir el fuego y cocer hasta que las legumbres estén tiernas.

Preparar la salsa de tomates frescos; escurrirla.

Extender alternativamente una hilera de tomates, de calabacines, de queso, terminando por tomates y queso. Salar y aromatizar con perejil. Cocer al horno, precalentado a 180° C, durante 35 ó 45 minutos.

Preparar los espaguetis: poner el agua a hervir, añadir sal, aceite y espaguetis; dejar nadar las pastas libremente y cocer 10 minutos o hasta que estén en su punto *(al dente)*. Escurrir y mezclar la mantequilla de finas hierbas y las pastas cocidas. Con ayuda de dos grandes cucharas, trabar bien hasta que la mantequilla se derrita.

Colocar las pastas de finas hierbas en un cuenco de servicio y servir con los calabacines cocidos, pan crujiente con ajo y una inmensa ensalada César.

Salen 4 raciones.

Macarrones con queso gratinado

2 t. de salsa bechamel, de queso (pág. 127)
1/4 kg. de macarrones de soja, o de huevos
1 1/4 litros de agua, aproximadamente
1 c. sopera de sal marina
1 c. sopera de aceite de oliva virgen
1/2 c. de té de mostaza seca
1/8 c. de té de «paprika»
tomates pelados y cortados en rodajas
1/2 t. de queso «Cheddar», rallado
1/2 t. de ralladura fresca de trigo integral (pág. 40)
2 c. soperas de mantequilla sin sal

Untar con mantequilla un plato llano que pueda ponerse al fuego.

Preparar la salsa bechamel de queso.

Llenar de agua fría una gran cacerola: cuando hierva el agua, añadir la sal, el aceite y las pastas. Estas deberán nadar libremente en el agua hirviendo. Cocer las pastas 10 minutos o hasta que estén en su punto. Escurrir las pastas cocidas antes de recubrirlas de salsa.

En un cuenco grande, mezclar bien la sal, la salsa de queso, la mostaza seca, la «paprika» y los macarrones cocidos. Verter todo en el plato preparado.

En un cuenco pequeño, mezclar el resto del queso y la ralladura, adornar la parte de arriba de los macarrones con rodajas de tomates frescos, espolvorear con ralladura de queso y rociar con pellas de mantequilla.

Cocer en el horno, a 200° C, de 15 a 20 minutos, o hasta que la superficie esté crujiente y dorada. Adornar el centro del plato con briznas de perejil fresco. Servir con una ensalada romana «chef» o cualquier otra verdura.

Salen 4 raciones.

«Pizza» romántica

La otra noche, cuando la luna roja estaba como un «croissant» *, yo hubiese querido detener el tiempo.

la mitad de la receta de pan de trigo 5 variedades (la de cebollas) (pág. 22)
2 t. de salsa de tomates frescos (pág. 156)
1/4 kg. de champiñones troceados
mantequilla sin sal
1/4 kg. de queso «Mozzarella», rallado
1 pimiento verde, cortado en rodajas
una pizca de orégano
una pizca de albahaca
una pizca de perejil seco
1 c. de té de aceite de oliva virgen
queso parmesano, finamente rallado

Seguir las mismas indicaciones que para preparar la pasta de pan de cebollas. Extender uniformemente en un molde profundo, redondo, de 28 cm. de diámetro, o en un molde de *pizza*, o bien formar un rectángulo.

Preparar la salsa de tomates frescos: colar el zumo de los tomates a través de un colador y reservar solamente los tomates enteros.

Fundir la mantequilla en un perol mediano y saltear los champiñones hasta que estén dorados.

Rociar el fondo de la pasta de *pizza* con queso rallado y añadir los tomates enteros; adornar con champiñones dorados y rodajas

---

* «Croissant», en francés, significa también cuarto creciente. *(N. del T.)*

de pimiento verde; aromatizar con finas hierbas, aceite de oliva y queso parmesano rallado.

Dejar subir al calor durante 30 minutos. Cocer en un horno, precalentado a 220° C, durante 15 minutos, o hasta que la corteza esté dorada y crujiente.

Servir con una ensalada romana «chef» y buen vino rojo, todo ello acompañado de una dulce música y de un enamorado simpático. No hay nada más romántico.

Sale una *pizza* grande.

Submarino vegetariano

Colocar, sobre medio pan de trigo integral, queso «Mozzarella», legumbres, finas hierbas y aceite; rociar con queso parmesano. Cocer al horno hasta que la corteza esté dorada y las legumbres estén cocidas y crujientes.

Capítulo IV

Cereales de todo el mundo

Transpórtese una noche, sobre una alfombra voladora, al país de las mil y una noches para cenar «tabboulé de pimientos» y tomates rellenos de cuscús de Arabia. Salude a Buda en China y deguste un plato de legumbres verdes y de arroz de la tierra. No olvide el Taj-Mahal en la India, el país de Gandhi, y saboree un bol de arroz del yogui. Desayune «porridge» una mañana en Escocia, con un fantasma vegetariano. ¡Y mientras sueña, flote sobre una nube blanca degustando un «granola» de albaricoques y de piñas!

Cuscús natural

Igual que Aladino, viaje esta noche sobre una alfombra voladora, degustando este cereal, ligero como el viento.

2 t. de cuscús (sémola de trigo duro) en granos medianos
sal marina
2 cubitos de concentrado de caldo de legumbres, salado
mantequilla sin sal
perejil picado

Tradicionalmente, la sémola se cuece en un recipiente especial para cuscús.

De todos modos, puede fabricarse uno colocando un colador sobre una cacerola de agua. Rellenar con un lienzo húmedo y retorcido el espacio que quede entre el colador y el borde de la cacerola; no dejar que el colador se moje en el agua de la cacerola.

Recubrir el fondo del colador con un lienzo de algodón húmedo para impedir que los granos pasen a través. Echar los granos en un cuenco lleno de agua y escurrirlos así inmediatamente en el colador colocado sobre la cacerola de agua hirviendo. Cuando el vapor se escape por encima de la sémola, dejar cocer 15 minutos más.

Rociar con agua salada y aromatizar con cubitos de legumbres. Cocer hasta que el grano quede ligero. Separar los granos con un tenedor antes de servir caliente; añadir mantequilla, asegurándose de que haya una perfecta repartición en torno a cada grano. Salar al gusto y aromatizar con perejil picado.

Salen 4 tazas.

Pimientos y tomates rellenos de cuscús de Arabia

Pimientos y tomates rellenos de cebolla, de apio y de cuscús de Arabia; podrá comerlos durante mil y una noches.

2 pimientos verdes, grandes
2 tomates frescos, grandes
1 c. de té de sal marina
2 t. de cuscús cocido, salado y con mantequilla (pág. 176)
1/2 t. de apio, finamente picado
1 c. sopera de cebolla, finamente picada
1/2 t. de tomates, pelados y picados
1 diente de ajo machacado
1/4 c. de té de hojas de albahaca
1 c. de té de perejil picado
sal marina
1/3 t. de ralladura de pan de trigo integral
1/2 t. de queso «Cheddar» rallado
4 c. soperas de bolitas de mantequilla sin sal

Preparar los pimientos: cortar una rodaja de la parte de arriba de cada pimiento y vaciar el interior. Hervir 5 minutos en agua salada. Escurrir bien.

Preparar los tomates: cortar una rodaja de la parte de arriba de cada tomate y vaciarlo; salar el interior y colocar el tomate del revés para que escurra.

Preparar el relleno: mezclar sémola de trigo, apio, cebolla, tomate, albahaca, perejil y ajo, y salar al gusto. Rellenar los tomates y los pimientos con este preparado.

En un cuenco, mezclar el queso y la ralladura de pan; rociar los tomates y los pimientos rellenos con esta mezcla. Disponer algunas pellas de mantequilla sobre la mezcla de ralladura de pan. Cocer, a 190° C, de 25 a 30 minutos. Servir con una ensalada de hojas.

Salen 4 raciones.

«Bulghur» en estado puro

Pruebe a hacerlo natural o con champiñones rellenos y una ensalada de verdura.

2 t. de «bulghur» (granos medianos o gruesos)
4 cubitos de concentrado de caldo de legumbres, salado, disuelto en 4 t. de agua de manantial

Calentar el caldo de legumbres en una cacerola grande, añadir el *bulghur*, apagar el fuego, cubrir y dejar reposar de 1 a 2 horas, o hasta que el grano esté tierno y ligero.

Salen 4 raciones.

«Tabboulé»

Aquí tiene una versión personal del «tabboulé»; el «chef» inspirado le ha añadido brécol, garbanzos, pimientos y champiñones, con toda libertad.

4 t. de «bulghur» en estado puro, cocido (pág. 179)
1/4 t. de perejil fresco, picado, o
1 c. sopera de perejil seco
1/2 t. de champiñones partidos
2 tomates grandes, pelados y troceados
6 chalotes cortados en rodajas
1 raíz de brécol cortada en florecillas y cocida al vapor 5 minutos
1 pimiento verde, cortado en cubitos
2 t. de garbanzos, cocidos (opcional)
hojas de lechuga romana
1 t. de crema ácida o yogur natural
2 tomates frescos, cortados en rodajas

Limonada

1/2 t. de aceite de sésamo sin refinar
1/2 t. de zumo de limón fresco
2 dientes de ajo machacados o picados
1 c. de té de sal marina

Si es necesario, escurrir el *bulghur* en un colador y verterlo en un bol grande; incorporar el perejil, los champiñones dorados (salteados 1 minuto a fuego medio), los tomates troceados, los chalotes, la verdura, los garbanzos y la limonada. Mezclar todo bien.

Guarnecer el fondo de una ensaladera con hojas de lechuga, colocando sobre ellas la ensalada de trigo; refrigerar y servir con crema ácida. Adornar con rodajas de tomates frescos.

Salen 4 raciones.

Bol de arroz del yogui

Concentre todas sus energías sobre este magnífico bol de arroz.

2 t. de arroz moreno, alargado o redondo (de preferencia, orgánico)
4 t. de agua de manantial
2 c. soperas de aceite de soja, de cacahuete o de sésamo, sin refinar
1 c. de té de sal marina
2 cubitos de concentrado de caldo de legumbres, salado
1 cebolla picada
1 c. sopera de perejil picado

Lavar el arroz con agua fresca en un colador, hasta que el agua salga clara. Tener en remojo en el agua de manantial durante 30 minutos. Escurrir y conservar el agua.

En un gran perol, calentar el aceite, añadir la cebolla y dorarla; añadir el arroz, aromatizar con perejil y concentrado de caldo de legumbres, desmenuzándolo con los dedos; salar al gusto y saltearlo todo hasta que el arroz esté dorado, removiendo constantemente con una cuchara de madera. Cuando el arroz esté dorado, verter el agua del remojo, esperar a que hierva, cubrir y cocer al vapor, a fuego lento, de 35 a 45 minutos. Apagar el fuego y dejar reposar 10 minutos sin levantar la tapa.

Separar los granos con un tenedor y servir con cuartos de limón y perejil fresco.

Salen 4 raciones.

Cereal oriental

Un cereal que, desde hace más de mil años, alimenta a los pueblos de Extremo Oriente.

3 c. soperas de aceite de soja o de sésamo sin refinar
1 diente de ajo machacado
1/2 t. de cebolla picada
1/2 t. de apio picado
2 cubitos de concentrado de caldo de legumbres, salado, disuelto en 2 t. de agua de manantial
1 t. de arroz moreno, redondo y crudo
1/2 t. de almendras, cortadas en rodajas finas
1/2 t. de sal marina

Lavar el arroz con agua fresca en un colador hasta que el agua salga clara. Empapar en el agua de manantial durante 30 minutos. Escurrir y guardar el agua del remojo.

En un gran perol, saltear las cebollas, el ajo y el apio en 2 c. soperas de aceite; añadir el arroz y dorar en el perol 5 minutos para realzar el gusto de fruto seco del arroz redondo; añadir el agua del remojo, los cubitos de caldo de legumbres, las almendras, la sal y el resto del aceite.

Verter todo en una cacerola aceitada de alrededor de 300 ml., cubrir y cocer a 160º C, durante 1 hora, o hasta que el arroz haya absorbido bien el caldo de legumbres.

Arroz chino

Añadir 1 c. de té de salsa de tamari al caldo de legumbres.

Arroz de sésamo

Añadir 2 c. soperas de semillas de sésamo tostadas al arroz cocido, antes de servir.
Salen 4 raciones.

Verduras y arroz de la tierra

Un cereal y verduras del trueno para la generación que regresa a la tierra.

4 c. soperas de aceite de sésamo sin refinar
4 c. soperas de almendras integrales blanqueadas
2 dientes de ajo, picados y machacados
1 cebolla mediana, cortada a 1/2 cm. de ancho sobre su longitud
1/4 kg. de champiñones troceados
4 ramitas de apio cortadas en diagonal
1 cabeza de brécol dividida en florecillas
1 pimiento verde, cortado en tiras de 1 cm. de ancho
1/2 col china, o col de Saboya, finamente picada
48 judías tiernas («snow peas»), 1/4 kg. aproximadamente, frescas y enteras
sal marina
2 cubitos de concentrado de caldo de verduras, salado
4 t. de arroz moreno, cocido

En un perol profundo o un *wok*, calentar el aceite de sésamo, añadir las almendras enteras y el apio, y dorar; añadir a continuación la cebolla, los champiñones, el apio, las florecillas de brécol, el pimiento, la col picada y las judías anchas. Salar al gusto. Para realzar el sabor de las verduras, desmenuzar sobre ellas los cubos de caldo. Dar vueltas a las verduras con una cuchara ancha. Cocer a lo sumo de 5 a 10 minutos para preservar el color, la textura y el gusto original de las verduras. No cubrir la cacerola, porque las legumbres cambiarían de color y de apariencia.

Servir sobre un arroz natural con habas *mung* germinadas, cocidas al vapor. Rociar con salsa de tamari al gusto.

Salen 4 raciones.

Arroz y guisantes Buda

He aquí algo bueno, cuando es preciso salir del paso, con un hornillo y un perol, para dar de cenar a todo un ejército.

1/4 kg. (1 1/2 t.) de judías pintas
agua de manantial
2 c. soperas de aceite de soja sin refinar
1 cebolla grande, picada
2 dientes de ajo, machacados
2 t. de tomates frescos, pelados y cortados en cuartos
1 1/3 t. de arroz moreno crudo en granos alargados, de preferencia orgánico, puesto en remojo durante 30 minutos, y a continuación escurrido
4 t. de agua de manantial
sal marina
2 cubos de concentrado de caldo de legumbres, salado
1 rama de tomillo

La víspera, recubrir las judías con agua y dejar toda la noche en remojo.

El día siguiente, cocer las judías y la sal en el agua justa para recubrirlas, de 30 a 45 minutos. Escurrir y enjuagar bien en agua fría.

En un perol mediano, calentar el aceite, añadir cebollas y ajo. Cocer hasta que las cebollas estén transparentes, añadir los tomates, las judías cocidas, el arroz y el agua; salar al gusto, aromatizar con caldo de legumbres y con una ramita de tomillo; cubrir y cocer 45 minutos, o hasta que el líquido haya sido absorbido.

Servir caliente o a la temperatura ambiente con una ensalada verde.

Salen de 4 a 6 raciones.

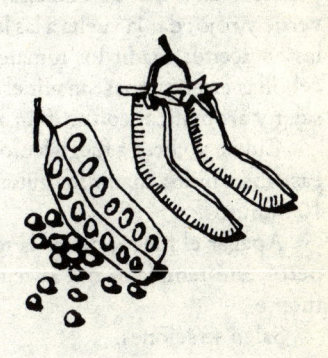

Paella ¡Olé! gumbres

4 t. de arroz de granos alargados, cocido (pág. 182)
3 c. soperas de aceite de soja sin refinar
3 t. de coles de Bruselas, enteras
2 cebollas medianas, finamente picadas
4 dientes de ajo machacados
4 tomates grandes pelados y cortados en cuartos
1 pimiento verde, picado
1 pimiento rojo, picado
2 c. soperas de perejil picado
1 1/2 t. de guisantes frescos
1 t. de agua de manantial
sal marina
una pizca de azafrán

Con ayuda de un cuchillo bien afilado, cortar una cruz en la base de cada una de las coles de Bruselas.

Calentar un gran perol profundo o un *wok*, verter en él el aceite y saltear las coles de Bruselas, las cebollas, el ajo, los pimientos verde y rojo; dar la vuelta a las legumbres en el perol para envolverlas en aceite; añadir los tomates y el perejil y cocer hasta que las cebollas estén tiernas; añadir el arroz cocido, el agua de manantial, salar y aromatizar con azafrán al gusto.

Cubrir y cocer a fuego lento 15 minutos hasta que el líquido sea casi absorbido; añadir los guisantes, sin remover, recubrir y cocer 10 minutos.

Apagar el fuego, quitar la tapadera y dejar enfriar hasta que el perol esté templado o a la temperatura ambiente. Servir en una fuente.

Salen 4 raciones.

Calabacines y zanahorias salteados con cebada mondada

2 cubitos de concentrado de caldo de legumbres salado, disuelto en 4 t. de agua de manantial
1 1/3 t. de cebada cruda
2 c. soperas de aceite de cacahuete o de sésamo sin refinar
2 dientes de ajo machacados
3/4 t. de cacahuetes blancos naturales, o de almendras enteras blanqueadas
4 calabacines medianos sin pelar y cortados estilo sopa juliana *
4 zanahorias medianas, cortadas estilo sopa juliana *
2 cubitos de concentrado de caldo de legumbres salado
sal marina

En una cacerola mediana, poner el caldo a hervir, añadir la cebada lavada, cubrir y cocer a fuego lento durante 45 minutos o hasta que la cebada esté tierna y haya absorbido el líquido.

Calentar un *wok* o un gran perol hondo, verter en él el aceite y añadir el ajo, los frutos secos (cacahuetes o almendras), las «julianas» de calabacines y de zanahorias; desmenuzar sobre todo ello, con los dedos, los cubitos de concentrado de caldo de legumbres, saltear a fuego vivo dando vuelta a las legumbres con una gran cuchara hasta que suban de color, pero estén crujientes. Salar al gusto. Servir con la cebada natural.

Salen 4 raciones.

---

* Legumbres crudas cortadas en tiritas de 8 cm. de largo y 1 cm. de ancho, aproximadamente.

«Porridge» del duende vegetariano

¿Sabía que los duendes eran vegetarianos y siete veces más fuertes que los humanos, y que la sémola formaba parte de su comida matinal?...

**1 t. de copos integrales de avena rulada
2 t. de agua de manantial o de leche integral
1 c. de té de sal marina
crema o leche integral
azúcar de arce pura, rallada, o miel natural o azúcar terciada
nueces de Grenoble, finamente picadas**

Verter los copos de avena, el agua fresca y la sal en una cacerola profunda; poner a hervir a fuego lento removiendo constantemente durante 2 minutos con un batidor metálico.

Apagar el fuego, cubrir y dejar reposar 15 minutos.

Verter la sémola caliente en cuencos individuales. Servir con crema o leche integral; perfumar con azúcar de arce rallada y rociar con nueces picadas.

Salen 2 raciones.

Crema de trigo

Cuando haya salido el sol y usted haya realizado su saludable marcha matutina, saboree esta deliciosa crema de trigo.

1/3 t. de harina de repostería de trigo integral, molida sobre piedra
1 t. de leche integral
una pizca de sal marina
1 c. sopera de crema o de leche integral tibia
1 c. sopera de miel líquida de flores de azahar o de flores silvestres
1 c. sopera de germen de trigo, de granola o de coco tostado

En una cacerola pequeña, verter la leche integral, añadir la harina y la sal al gusto. Con ayuda de un batidor metálico, batir bien la mezcla. Cocer en el mínimo, removiendo constantemente hasta la obtención de una consistencia lisa y cremosa.

Retirar del fuego, verter en un pequeño cuenco; añadir la crema o la leche, la miel líquida, y rociar con germen de trigo.

Sale una ración.

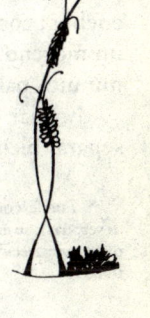

Granola de albaricoques y piñas

Creerá hallarse en el cielo cuando deguste esta mezcla de cereales, de frutas, de nueces y de miel.

4 1/2 t. de avena en polvo
4 t. de germen de trigo natural
1 t. de coco natural
1/4 t. de semillas de sésamo
1 c. de té de sal marina
1/2 t. de pacanas picadas
1 t. de miel de flores de azahar, líquida, no pasteurizada
1/3 t. de aceite de soja
1 c. sopera de esencia de vainilla
1/ t. de piñas envueltas en agar-agar, picadas *
1/2 t. de albaricoques envueltos en agar-agar, picados *

Calentar el horno a 140º C.

Mezclar, juntos, todos los ingredientes secos y verter los ingredientes líquidos por encima; mezclar hasta que el líquido haya envuelto bien a los cereales.

Extender uniformemente la mezcla sobre dos planchas para bizcochos; cocer 45 minutos, hasta que la granola esté crujiente y de un moreno dorado, teniendo cuidado de volver la mezcla cada 15 minutos para asegurarse de que todo esté tostado por igual.

Enfriar 10 minutos y mezclar con la punta de los dedos, para separar bien los cereales.

---

* Puede comprar los frutos envueltos en agar-agar (gelatina natural hecha de algas desecadas); se encuentran en ciertos establecimientos de alimentos naturales. Pero también puede confeccionarlos a partir de envolturas preparadas que puede comprar en las mismas tiendas.

Enfriar y conservar la granola en recipientes de vidrio con tapaderas herméticas para que el cereal se mantenga fresco y crujiente. Servir con leche integral en el desayuno, con frutos frescos como colación, como guarnición de budines, de yogures y de nata helada, o utilizar como fondo de tartas, base de bizcochos o golosinas.

Capítulo V

La generación del yogur

Capítulo V

La generación del yogui

El yogur y el yoga: equilibrio del cuerpo y del espíritu.
No estás obligado a comer yogur o a sostenerte sobre la cabeza para vivir hasta los cien años, ¡pero eso ayuda!
De origen turco, el yogur es una leche fermentada. Para hacerlo, se utiliza ante todo leche de cabra, después leche de oveja y de búfalo hembra, que se deja cuajar en un lugar caliente. En nuestros días, se emplea también la leche de vaca, fermentada en laboratorio.

La introducción del yogur en Europa, hacia 1908, se debe a Ilya Metchnikoff, un bacteriólogo ruso. Había observado que los búlgaros, cuya dieta, muy pobre, admitía no obstante tres raciones de yogur al día, habían alcanzado una media de vida de ochenta y siete años. Estudió, por tanto, el «secreto» del yogur y consagró su vida a probar el efecto benéfico de sus bacterias sobre la digestión y la salud en general. A su muerte, sólo tenía unos pocos discípulos; se le tildaba de loco. Hoy sus enseñanzas reúnen una multitud de adeptos.

El yogur, denominado el alimento «casi perfecto», contiene de 138 a 165 calorías por taza (por supuesto, sin el azúcar y las esencias añadidas). El yogur contiene, como la leche, proteínas, calcio y vitamina B. Es más fácil de digerir que la leche, porque ha sido parcialmente fragmentado. Por ello, conviene especialmente a las gentes que sufren de problemas digestivos.

El yoga y el yogur existen desde antes de los tiempos bíblicos, por consiguiente, no son ninguna novedad... Lo que tienen de nuevo es la generación que los ha vuelto a descubrir.

Yogur estilo balkán

4 t. de leche integral, o leche enriquecida *
3 c. soperas de leche integral en polvo, no instantánea
1 sobre (10 gr.) de cultivo bacteriano de yogur

La víspera, calentar la leche integral y la leche en polvo, juntas, a 90º C, enfriar a 60º C, añadir el contenido del sobre de cultivo bacteriano, remover con un batidor y verter en un cuenco grande o en tarros de yogur individuales esterilizados, o bien en un termo; recubrir el (los) recipiente(s) con tapadera(s) o con una servilleta e incubar en un sitio caliente, o en una yogurtera, de 12 a 15 horas o hasta que la consistencia sea la de una crema espesa. Refrigerar 4 horas, antes de comerlo. Se conserva hasta 5 días.

Salen 4 tazas.

* Añadir 2 cucharaditas de crema líquida (17 por 100) a la leche integral. Para obtener un yogur enriquecido, utilizar mitad crema y mitad leche integral.

Queso de leche de la vida eterna

4 t. de yogur estilo balkán, natural
frutas
hierbas

Tapizar el fondo de un colador con tres capas de hilo de algodón o con un lienzo para todo uso; meter el yogur, recubrir la parte de encima y dejar escurrir toda la noche. Salar al gusto; cuando la textura sea la de un queso a la crema, añadir en las cantidades que se desee hierbas, cebollas, nueces, y utilizarlo para untar o para crear *sandwichs* exóticos, recubiertos de queso a la crema y de frutas tropicales como la papaya, el kiwi, el aguacate, los plátanos, etc.

Sale 1 taza.

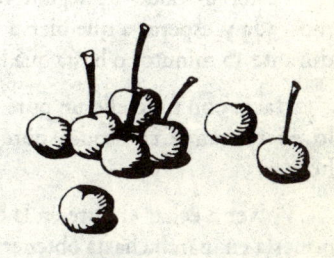

«Vichyssoise» al yogur

4 c. soperas de mantequilla sin sal
4 puerros grandes, cortados en cuartos, a lo largo, y lavados
2 patatas grandes, peladas y picadas.
1 cebolla mediana, picada
1/2 t. de apio picado
1/2 tazón y 3 c. soperas de leche integral
1 cubito de concentrado de caldo de legumbres, salado, disuelto en 1/2 tazón y 3 c. soperas de agua de manantial
1/2 c. de té de sal marina
una pizca de nuez moscada
3/4 t. de yogur natural, estilo balkán, o de
crema ácida
cebollino fresco, picado

Derretir la mantequilla en un perol grande y hondo, añadir puerros picados, patatas, apio y cebolla; cocer 10 minutos, removiendo constantemente.

Verter el caldo de legumbres y la leche, añadir sal y nuez moscada y esperar a que hierva; bajar el fuego al mínimo y cocer durante 15 minutos o hasta que las legumbres estén tiernas.

Hacer con todo ello un puré en una batidora eléctrica y verterlo en un tamiz colocado sobre un cuenco para eliminar así las hebras.

Volver a echar el puré en la batidora con la mitad del yogur y ponerla en marcha hasta obtener una crema lisa y espesa.

Verter en una sopera o en un bol de servicio y refrigerar de 3 a 4 horas antes de servirlo.

Adornar cada cuenco con una cucharada de yogur y rociar con cebollino fresco.

Salen 4 raciones.

Pepinos «marrakesh»

Para los puristas, a quienes les gusta comer cosas genuinas y sin riesgos.

1 pepino inglés, mediano, cortado en finas rodajas
1/ t. de yogur estilo balkán
sal marina
2 chalotes, finamente picados
paprika

En un bol mediano, mezclar yogur, sal marina y chalotes; añadir el pepino, envolviendo las rodajas en esta mezcla.
Regar con paprika. Cubrir y enfriar.
Servir frío con arroz, cuscús o *bulghur* natural.
Salen 2 raciones.

Fiambre de tomates y limonada de eneldo

5 tomates grandes, picados (alrededor de 1 kg.)
1 diente de ajo, machacado
1 cebolla mediana, cortada en rodajas
2 c. de té de sal marina
1 hoja de albahaca fresca, ó 1/2 c. de té de hojas secas
1 1/2 c. soperas de copos de agar-agar (gelatina natural)
1/2 t. de agua de manantial
2 c. soperas de zumo de limón fresco
4 gotas de salsa de pimiento rojo
aceite de sésamo sin refinar

Limonada de eneldo

1 t. de yogur natural
2 c. de té de eneldo en hierbas
1 diente de ajo, machacado
una pizca de sal marina
1 c. de té de zumo de limón fresco (opcional)

En un gran perol, cocer los tomates, el ajo, la cebolla, la sal y la albahaca, removiendo a menudo durante 15 minutos hasta que las legumbres estén tiernas.

Verter la mezcla de tomates en una batidora y hacer un puré. Verter la salsa en un colador situado encima de una cacerola mediana (tirar la piel y las semillas).

Volver a poner al fuego y esperar a que hierva. Bajar el fuego y añadir el agua, el zumo de limón y la salsa de pimiento; rociar con copos de agar-agar y rehogar 5 minutos a fuego lento removiendo sin cesar con un batidor para disolver la gelatina.

Aceitar ligeramente un molde para fiambre (o de bizcocho), cuya capacidad sea de unas 4 t., y verter en él la mezcla de tomates; cubrir y refrigerar durante 3 horas.

Mientras tanto, preparar la limonada de eneldo; para ello se mezclarán todos los ingredientes en un pequeño cuenco. Se refrigerará de 2 a 3 horas.

Pasar la base del molde por agua caliente, volcar el fiambre sobre un plato recubierto de hojas de lechuga escarolada. Servir con una limonada de eneldo o de aguacate (pág. 80).

Salen 6 raciones.

Energía de fresas

El yogur y los huevos son la «energía». Los carámbanos de fresas: un mini-sorbete de fruta.

2 t. de yogur natural estilo balkán
2 huevos
2 plátanos
4 c. soperas de miel, no pasteurizada
3/4 t. de fresas frescas

Verter todo en una batidora eléctrica, cubrir y batir hasta lograr una consistencia mantecosa y espumosa. Verter en 4 vasos. Servir frío con carámbamos de fresas.

Carámbanos de fresas

12 fresas enteras, con los rabos
agua de manantial

Lavar y secar las fresas. Colocar cada una de ellas en una casilla de una gaveta de hielo. Llenar con agua de manantial. Congelar toda la noche. Se utilizan para helar las bebidas naturales de frutas.

Sueño de melocotones

Puede comerse, beberse o aplicarse como máscara de belleza.

- 1 t. de melocotones frescos (o de otras frutas frescas, tales como papaya, fresas, nectarinas, melón)
- 1 t. de yogur natural
- 2 c. soperas de miel líquida de flores de azahar, no pasteurizada
- **hojas de menta fresca**

Poner todo en una batidora. Mezclar a la máxima velocidad hasta que se obtenga un líquido espumoso. Verter en un gran vaso abombado y adornar con una hoja de menta fresca.

Frutos frescos bajo la nieve

Hacer nevar sobre las frutas es refrescante y bueno para la salud.

- 6 plátanos, pelados y cortados en rodajas
- 1/2 t. de fresas frescas, lavadas, sin rabo y cortadas en dos
- 2 t. de yogur natural estilo balkán
- 4 c. soperas de miel líquida de flores de azahar, no pasteurizada

En un cuenco hondo de vidrio, disponer una hilera de plátanos y otra de fresas otra de plátanos y otra de fresas, etc.

Cubrir de «nieve» la parte de arriba con el yogur natural y verter también la miel de flores de azahar.

Servir inmediatamente o guardar el plato en el refrigerador hasta el momento de servir.

Variar con otras frutas frescas, tales como uvas verdes, papayas, piñas, melocotones o frutos secos macerados una noche en el zumo de su fruta (por ejemplo: pasas maceradas en el zumo de uvas negras).

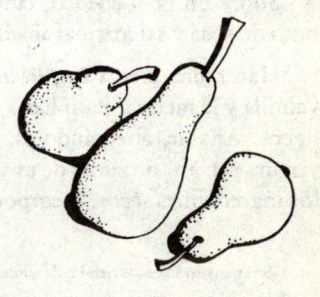

Salen 4 raciones.

«Muffins» de salvado para los enamorados del yogur

1/2 t. de pasas de Esmirna
3/4 t. de zumo de uva negra, no azucarada
1 1/3 t. de harina de repostería de trigo integral, molida sobre piedra
1 c. de té de bicarbonato de sosa
1/2 c. de té de sal marina
3 t. de copos de salvado naturales *
1/4 t. de mantequilla sin sal
2 c. soperas de azúcar de las Barbadas, o de azúcar terciada
1 huevo
1/2 c. de té de vainilla o de agua de azahar
1/2 t. de melaza negra «Black Strap»
1/3 t. de yogur natural, estilo balkán

La víspera, dejar en maceración las pasas en el zumo de las uvas negras. Untar de mantequilla y enharinar 12 moldes de *muffins;* disponer en cada uno el respectivo molde de papel.

Sobre un gran cuenco, tamizar harina de repostería, bicarbonato de sosa y sal marina; añadir los copos de salvado naturales.

Hacer una crema con la mantequilla, el azúcar, el huevo, la vainilla y la melaza. Batir hasta obtener una consistencia cremosa y ligera. Añadir, alternándolos, los ingredientes secos, colados, el yogur, y 1/3 t. de zumo de uvas de la maceración, terminando con los ingredientes secos. Incorporar las uvas hinchadas.

---

* Se encuentran en las tiendas de alimentación natural.

Con ayuda de una cuchara para helados, depositar la mezcla en los moldes preparados.

Cocer a 200° C durante 20 minutos o hasta que los *muffins* puedan tocarse sin que quede señal.

Retirar los *muffins* de los moldes y servirlos calientes.

Salen 12 unidades.

Tartitas de yogur y fresas *

pasta de hojaldre de trigo integral (la mitad de la receta)
1 yema de huevo disuelta en 1 c. de té de agua de manantial
1 t. de yogur natural
fresas frescas troceadas
azúcar terciada
225 gr. de queso a la crema, natural
2 c. soperas de miel de flores de azahar o de flores silvestres
1 c. de té de agua de rosas o de azahar
8 fresas frescas enteras, con hojas, cortadas en dos

Rebajar la pasta de hojaldre sobre una chapa enharinada; extenderla y apretarla contra el dorso de moldes de tartitas que tengan un tamaño aproximado de 8 cm. de diámetro. Pinchar con un tenedor. Barnizar con yema de huevo y agua. Cocer 30 minutos a 220° C o hasta que la corteza esté dorada y crujiente.

Recubrir con frutas el fondo de cada tartita, una vez cocida y enfriada; espolvorear con azúcar terciada.

Batir, juntos, el yogur, el queso a la crema, la miel y el agua de rosas. Pasarlo por un tamiz y verterlo sobre las frutas azucaradas.

Calentar un poco de miel, macerar en ella las 16 mitades de las fresas y adornar las tartitas.

Salen 16 unidades.

---

* Se pueden utilizar otras frutas: uvas verdes, cerezas, acianos, frambuesas, y adornar la crema con estas frutas y hojas de menta fresca.

Capítulo VI

El té para dos

Tomar el té entre dos, arrellanándose en inmensos cojines, y compartiendo ideas y corazones de pastelillos secos o de tartitas de pacanas y de uvas.

O invitar a los amigos, un día de lluvia o un domingo después de comer, a jugar al «backgammon» o a cualquier otro juego que distraiga y relaje. Uno lleva las frutas y otro su guitarra o su armónica. Y usted servirá cuadraditos de zanahoria y bizcochos de algarrobas y de nueces.

O bien trasladarse a un café inglés con fuentes de «muffins» de acianos y pasteles dorados, escharchados, con mantequilla y fresas o queso a la crema batida, todo ello acompañado por un té de hierbas, caliente o helado.

Por descontado, ésta es una manera agradable y poco costosa de celebrar algo. ¡Comenzar unas tres horas después de comer a poner en infusión diferentes tés de hierbas, un té de naranja servido con rodajas de frutos cítricos recubiertas de clavo, un café de cereales y de granos acompañado de una barrita de canela natural, o intentar hacer este brebaje con limón, bueno para la circulación y la digestión!

Bebida de la nueva era

He aquí una bebida que puede tomarse en cualquier circunstancia: a la hora de la siesta, después de una sesión de yoga, para digerir bien la comida, etc.

el zumo de un limón fresco
1 t. de agua de manantial, tibia
rodajas de limón o de lima

Extraer el zumo de un limón, añadir el agua de manantial, calentada (sin hervir). Verter en dos tazas y adornar con rodajas de limón o de lima.

Salen 2 raciones.

Galletas de avena

El té y las galletas saben aún mejor cuando se comparten entre dos.

1/2 t. de mantequilla sin sal
1/4 t. de azúcar terciada, pálida
1 1/4 t. de harina de repostería de trigo integral, molida sobre piedra harina blanca sin blanquear
1/2 t. de avena molida

Hacer una crema con la mantequilla y el azúcar hasta obtener un tinte pálido y una consistencia ligera. Tamizar la harina sobre la mezcla, formar una bola, amasar sobre una superficie enharinada con harina blanca sin blanquear, hasta que la pasta esté lista, y envolverla en papel encerado. Refrigerar durante 30 minutos.

Estirar la pasta, hasta que tenga 1/2 cm. de espesor, sobre una superficie enharinada, y hacer círculos de unos 8 cm. de diámetro (la forma más sencilla de cortar estos círculos es utilizando el borde de un vaso). Colocar las galletas sobre una chapa untada de mantequilla y enharinada, rociar la parte de arriba con copos de avena. Comprimir ligeramente los copos de avena contra la pasta.

Cocer en un horno, precalentado a 150° C, durante 15 minutos o hasta que la superficie quede firme al tacto. Dejar enfriar las galletas sobre una parrilla metálica.

Salen 14 galletas.

Galletas para un día de lluvia

Galletas con trocitos de algarroba

Haga una buena acción dando a una amiga su mejor receta de galletas.

1/2 t. de mantequilla reblandecida
1/2 t. de miel cremosa, no pasteurizada
1 huevo
1 c. de té de agua de azahar o de vainilla
1 1/4 t. de harina de repostería de trigo integral, molida, sobre una piedra y tamizada
1 c. de té de polvos para pasta (levadura)
1/2 c. de té de sal marina
1/4 t. de germen de trigo
1 t. de trocitos de algarroba
1 t. de pacanas, picadas toscamente

Untar de mantequilla y enharinar una chapa para galletas. En un bol mediano, hacer una crema con la mantequilla, batiendo con ayuda de una cuchara de madera hasta la obtención de una consistencia ligera y espumosa. Añadir la miel y ligarla bien con la mantequilla. Incorporar el huevo, el agua de azahar y mezclarlo todo bien. Tamizar la harina, el polvo para pastas y la sal marina y trabar bien con la mezcla cremosa. Añadir germen de trigo, trozos de algarroba y pacanas picadas.

Formar una bola con la pasta y refrigerar durante 30 minutos. Verter cucharadas colmadas de esta pasta sobre la chapa preparada al efecto. Poner ésta en el horno y cocer a 180º C, de 12 a 15 minutos. Dejar enfriar las galletas sobre una parrilla metálica.

Galletas de pasas de algarroba

Añadir una taza de pasas de algarroba, o pasas de Corinto, en lugar de los trozos de algarroba.

Bizcochos de arce y de nueces

Reemplazar la cantidad de miel por azúcar de arce puro, rallada, y añadir 2 t. de nueces de pacanas en lugar de las algarrobas y de las nueces.
Salen 2 docenas.

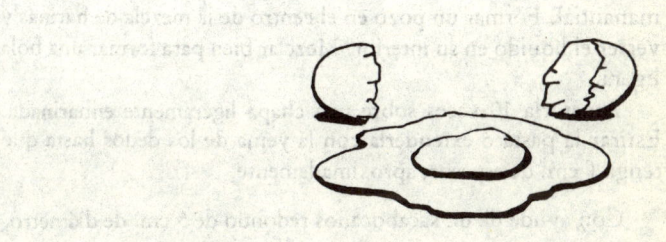

«Scones» escoceses de pasas

Estos «scones» tienen más pecas que sus antepasados escoceses.

1 t. de harina blanca sin blanquear
1 t. de harina de repostería de trigo integral, molida sobre piedra, tamizada
2 c. de té de polvos para pastas (levadura)
1/2 c. de té de sal marina
4 c. soperas de azúcar terciada
2 c. soperas de pasas de Corinto
1/3 t. de pasas de Esmirna (sultanas)
1/2 t. de mantequilla sin sal
1 huevo grande, batido con 1/3 t. de agua de manantial

Untar con mantequilla y enharinar una chapa para galletas. Sobre un cuenco grande, tamizar las dos harinas, los polvos para pasta y la sal marina. Añadir el azúcar y mezclar bien. Añadir la mantequilla a la mezcla y, con ayuda de un cuchillo de pastelería, cortar la pasta hasta que se asemeje a una gruesa corteza de pan rallado. Incorporar las pasas.

Batir el huevo en un cuenco pequeño y añadir el agua de manantial. Formar un pozo en el centro de la mezcla de harinas y verter el líquido en su interior. Mezclar bien para formar una bola ligera.

Amasarla 10 veces sobre una chapa ligeramente enharinada. Estirar la pasta o extenderla con la yema de los dedos hasta que tenga 1 cm. de espesor, aproximadamente.

Con ayuda de un sacabocados redondo de 5 cm. de diámetro,

recortar círculos en la pasta. Colocar los círculos sobre la chapa preparada. Barnizar la parte de arriba con una yema de huevo. Cocer, a 230º C, durante 12 minutos o hasta que los panecillos estén dorados. Servir calientes con mantequilla, miel o confitura casera.

Salen de 8 a 10 *scones*.

Cuadrados de dátiles

Aquí tiene unos cuadrados que no son difíciles de tragar.

- 2 t. de dátiles enteros, deshuesados
- 1/2 t. de azúcar terciada
- 1 t. de agua de manantial
- 1/2 c. de té de vainilla
- 1 t. de harina de repostería de trigo integral, molida sobre piedra, tamizada
- 1 t. de azúcar terciada
- 1 t. de avena en polvo
- 1/4 c. de té de bicarbonato de sosa
- 1/2 t. de aceite de soja sin refinar

En un gran perol, poner dátiles, azúcar terciada, agua y vainilla; esperar a que hierva y cocer a fuego lento hasta conseguir una consistencia espesa y cremosa. Dejar que se enfríe.

Remover, juntos, todos los ingredientes secos, añadir el aceite y mezclar hasta la obtención de la consistencia de una corteza de pan, rallada y seca.

Prensar la mitad de la ralladura de avena en el fondo de un molde de 19 × 19 cm., aceitado, y extender por encima la mezcla, enfriada, de dátiles.

Recubrir el resto de la ralladura y apretar hasta que la superficie superior quede uniforme.

Cocer en un horno, precalentado a 180° C, durante 30 minutos o hasta que la parte de arriba esté dorada.

Enfriar y cortar en cuadrados. Servir al gusto con una crema «Chantilly» (pág. 221).

Salen 16 cuadrados.

Espuma de fresas

Una espuma que brota directamente de la mata de fresas, en la estación veraniega.

fresas frescas troceadas
4 claras de huevo
una pizca de sal marina

Almíbar de fresas

1/2 t. de zumo de fresas frescas
1/2 t. de miel líquida sin pasteurizar

Crema «Chantilly»

280 gr. de nata fresca para batir
1 c. de té de agua de azahar
1 c. de té de miel líquida no pasteurizada
hojas de menta fresca
frutos menudos (acianos, fresas o uvas verdes)

Preparar el almíbar de fresas en una licuadora; licuar las fresas suficientes para que den 1/2 taza; mezclar bien con la miel líquida.

En un cuenco pequeño, batir las claras de huevo a punto de nieve hasta que adquieran una consistencia firme; añadir la sal. Todo ello dejando que la batidora funcione a la máxima velocidad, y derramar lentamente el almíbar de fresas en la mezcla.

Preparar la crema «Chantilly»: en un cuenco mediano, enfriado previamente, batir la crema y añadir el agua de azahar y la miel. Batir hasta que la crema esté bien firme.

Decorar el fondo de copas de postre con fresas troceadas; verter la espuma por encima. Adornar con crema «Chantilly», con una fruta y con una hoja de menta fresca. Conservar fresco hasta el momento de servirlo. No prepararlo con más de una hora de anticipación.

Salen 4 raciones.

Cartas azucaradas

Manzanas y helado, envueltos en un «crêpe» dorado, traídos por una paloma encantada.

3 huevos
una pizca de sal marina
1 1/2 c. soperas de miel líquida de flores de azahar, no pasteurizada
1/2 t. de leche integral
1/2 t. de harina de repostería de trigo integral, molida sobre piedra, tamizada
1 1/2 c. soperas de aceite de soja sin refinar

Salsa de manzanas

4 c. soperas de mantequilla sin sal
4 grandes manzanas «McIntosh», peladas y cortadas en cuartos de 2 cm. de ancho
una pizca de canela molida
1/2 t. de azúcar terciada
mantequilla sin sal
almíbar de arce puro

Mezclar huevos, sal marina y miel; verter encima la leche y la mantequilla fundida, e incorporar la harina batiendo con un batidor metálico. La pasta debe estar líquida.

Impregnar el fondo de un perol consistente, en hierro fundido y esmaltado, con aceite de soja; verter aproximadamente 1 1/2 c. soperas de la mezcla y dorar los *crêpes* hasta que la base se despegue del borde; dar la vuelta y dorar el otro lado 30 segundos. Conservar calientes en el horno a 120º C.

En un perol mediano, derretir la mantequilla, añadir los trozos de manzana, envolverlos en mantequilla y perfumar con canela y azúcar; esperar a que hierva, cubrir el perol y cocer a fuego lento 20 minutos o hasta que las manzanas estén tiernas y el líquido se haya evaporado.

Poner una cucharada sopera de salsa de manzana sobre cada *crêpe* caliente, enrollarlo, untar libremente con mantequilla la parte de arriba y rociar con almíbar de arce, caliente.

Servir, al gusto, con helado de arce o de vainilla.

Salen de 9 a 12 unidades.

Picatostes de manzana

Cuando los árboles tienen sed, lloran por la lluvia. Cuando el cielo se vuelve gris, es que el Creador les ha escuchado.

6 grandes manzanas «McIntosh», peladas y partidas en trozos
el zumo de medio limón (3 c. soperas)
1 c. de té de canela molida
1 c. sopera de harina blanca sin blanquear
1/3 t. de miel líquida no pasteurizada
1/4 c. de té de polvos para pasta (levadura)
2/3 t. de azúcar terciada, o
1/3 t. de azúcar terciada y 1/3 t. de azúcar de arce, rallada
2/3 t. de harina de repostería de trigo integral, molida sobre piedra, tamizada
2/3 t. de copos de avena rallada
1/3 t. de aceite de soja sin refinar

Disponer las manzanas en un plato hondo untado de mantequilla y que pueda meterse en el horno; rociar con zumo de limón, envolver en canela y harina, y perfumar la superficie con miel líquida.

En un cuenco mediano, mezclar los ingredientes secos, añadir el aceite y trabar.

Recubrir las frutas con la ralladura de avena preparada. Presionar ligeramente sobre la parte de arriba.

Cocer en un horno, precalentado a 180° C, de 30 a 35 minutos. Servir caliente con crema fresca o rodajas de queso «Cheddar».

Salen 6 raciones.

Tarta de manzana

Las manzanas y el queso, juntos, tenían tantas afinidades que he tenido que casarlos.

pasta hojaldrada de queso para 2 hojaldres de 21 cm. (página 147)
750 gr. de manzanas «McIntosh», peladas y troceadas
3/4 t. de azúcar terciada
1 c. de té de canela molida
2 c. de té de harina blanca sin blanquear
2 c. soperas de mantequilla sin sal
leche integral o crema suave

Preparar la receta de pasta hojaldrada de queso y enrollar la mitad de la pasta para adornar el fondo de una fuente para tartas, de 21 cm. Apartar la otra mitad para la corteza.

Mezclar manzanas, azúcar, canela y harina, y depositarlo todo en el fondo del hojaldre, pinchado con un tenedor; rociar con pellas de mantequilla.

Hacer una abertura en el centro de la corteza apartada o tallar una manzana con ayuda de un sacabocados. Colocar la corteza sobre las manzanas y pinzar, juntos, los bordes. Volver a colocar la manzana de pasta en el centro.

Barnizar el centro de la mesa (los bordes no) con leche o crema; cocer 40 minutos en un horno precalentado a 220º C. Durante los últimos 20 minutos de la cocción, recubrir la parte de arriba con una hoja de aluminio para que la corteza permanezca dorada.

Evitar cortarla antes de que esté tibia, y dejar derretir sobre cada porción (al gusto) una rodaja de queso «Cheddar».

Sale 1 tarta.

Tarta de nectarinas

Reemplazar las manzanas por nectarinas peladas, en la misma cantidad.

Tarta de azúcar del país

Venga, le invito en mi bosque canadiense a degustar una tarta de mi país de las maravillas.

3 t. de azúcar de arce, rallada
1 t. de crema líquida
1 c. de té de vainilla
2 c. de té de mantequilla sin sal
2 claras de huevo
1 t. de pacanas picadas, o
1 t. de pasas de Esmirna (empapadas en agua hirviendo, durante 5 minutos, y escurridas)

Hacer un azúcar a la crema: hervir lentamente el azúcar y la crema a fuego lento, remover continuamente el centro de la cacerola hasta que el azúcar forme una bola blanda en el agua fría, o verificar con el termómetro especial. Retirar del fuego, añadir la vainilla y la mantequilla.

Batir las claras a punto de nieve. Cuando el azúcar a la crema esté tibia, unir lentamente el huevo al azúcar a la crema.

Verter tal cual en un hojaldre de tarta sin cocer o en tartitas; se pueden disponer al gusto las pacanas picadas o las pasas en el fondo; cocer, a 22º C, de 15 a 25 minutos, o hasta que la hoja de un cuchillo salga limpia.

Tarta de bayas

Confeccione una tarta de acianos que usted misma haya cocido, y ofrézcala a aquellos a quienes quiere.

Pasta hojaldrada para 2 hojaldres (pág. 147)
4 t. de acianos frescos
3/4 t. de azúcar terciada
2 c. soperas de arrurruz, o
1/4 t. de harina blanca sin blanquear
1/2 c. de té de canela molida
una pizca de sal marina
2 c. soperas de mantequilla sin sal
1 huevo batido, con 1 c. sopera de leche integral

Mezclar los acianos, el azúcar, el arrurruz o la harina blanca, la canela y la sal marina. Depositar esta mezcla en un hojaldre sin cocer, rociar con pellas de mantequilla.

Cortar tiras de pasta hojaldrada de 1 cm. de ancho, utilizando una ruedecilla especial para bordes de fantasía. Colocar la mitad de las bandas en un sentido, a 2 cm. unas de otras. Colocar el resto de las tiras en el sentido opuesto.

Barnizar la parte de arriba con el huevo y la leche batidos. Cocer al horno, precalentado a 200º C, durante 15 minutos, reducir la temperatura a 180º C, y cocer 50 minutos o hasta que la parte de arriba de la corteza esté dorada. Servir con crema «Chantilly» (pág. 221).

Tarta de fresas y ruibarbo

Añadir 1 t. suplementaria de azúcar, reemplazar los acianos por la misma cantidad de fresas y añadir 1/2 t. de ruibarbo cortado en trozos de 1 cm. de ancho.

«Cheesecake» de mamá, con piñas (sin cocción)

No se rompa la cabeza buscando el nombre del restaurante más importante, porque la mejor cocina es la de mamá.

Corteza de galletas

galletas «Graham» de miel (naturales)
1/4 t. de azúcar terciada
1/4 t. de mantequilla sin sal, derretida, o
de aceite de soja sin refinar
1 t. de zumo de piña, fresco
1 t. de zumo de naranja, puro
1 c. sopera de copos de agar-agar (gelatina natural de algas marinas)
1/8 kg. de queso a la crema, natural
1 t. de crema ácida
1/4 c. de té de cáscara de naranja o de limón, rallada
6 c. soperas de miel de flores de azahar, no pasteurizada
1/2 c. de té de vainilla o de agua de azahar
1 t. de piña fresca triturada (preferentemente hawaiana)

Preparar la corteza de galletas: en una batidora eléctrica, poner bastantes galletas «Graham» de miel, desmenuzadas en migas para que hagan 1 1/3 t., añadir el azúcar, verter el aceite o la mantequilla fundida. Comprimir la mezcla en el fondo de un molde cuadrado de 19 × 19 cm. y refrigerar 1 hora.

Calentar el zumo de piña y el zumo de naranja a fuego lento, rociar con copos de agar-agar; mezclar y cocer durante 5 minutos. Enfriar a la temperatura ambiente.

Mientras tanto, mezclar el queso a la crema, la crema ácida, la cáscara rallada, la miel y la vainilla o el agua de azahar.

Incorporar 1/2 t. de gelatina de frutas a la piña, triturada.

Ligar esta mezcla de queso a la crema con la gelatina restante.

Verter en la corteza de galletas. Refrigerar hasta que tome consistencia, pero no demasiado firme, alrededor de 1/2 hora. Extender uniformemente sobre la parte de arriba la mezcla de piña y volver a meter en el refrigerador durante otra 1/2 hora. Cortar en cuadrados.

Salen 8 raciones.

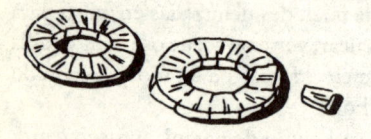

Pastel de zanahorias de mi jardín

Las zanahorias que recogeré en mi huerto, más una cantidad de buenas uvas, harán la alegría del postre de mañana, y no sólo para los conejos.

1 t. de harina de repostería de trigo integral, molida sobre piedra
1 c. de té de polvos para pasta (levadura)
1/2 c. de té de bicarbonato de sosa
1/2 c. de té de sal marina
1 c. de té de canela molida
1/2 t. de aceite de maíz sin refinar
1/2 t. de azúcar terciada o azúcar Barbados
2 huevos
1 1/2 t. de zanahorias ralladas
1/2 t. de nueces de Grenoble, picadas
1/2 t. de pasas de Esmirna (sultanas)

Calentar el horno a 160° C. Untar de mantequilla y enharinar un molde, redondo o cuadrado, de *pyrex*. Tamizar juntos la harina, los polvos para pasta, el bicarbonato de sosa, la sal marina y la canela. Añadir gradualmente el azúcar al aceite de maíz, y mezclar bien después de cada adición con una batidora eléctrica, a la máxima velocidad. Verter, de una vez, un huevo en la mezcla de aceite y azúcar, y continuar batiendo hasta que la mezcla quede ligera y cremosa.

Poco a poco, añadir los ingredientes secos tamizados. Incorporar zanahorias, nueces picadas y pasas, mezclando bien todo. Verterlo en el molde preparado y cocer de 60 a 70 minutos o hasta que el pastel adquiera un moreno dorado y no queden huellas impresas en él cuando se presione con un dedo su superficie.

Cuando el pastel se ha enfriado por completo, bañar uniformemente la parte de arriba con una crema de queso y miel. Cortar el pastel en cuadrados y disponer una nuez de Grenoble entera sobre cada uno de los trozos, rociar la superficie con granola casera.

Baño de queso a la crema y miel

1/4 kg. de queso a la crema
miel cremosa al gusto (no más de 1/2 t.)
3 c. soperas de mantequilla sin sal
extracto de vainilla al gusto

Poner en un cuenco el queso a la crema, añadir la miel cremosa y la mantequilla blanda y batir todo con una cuchara de madera, hasta obtener una consistencia cremosa. Bañar el pastel, enfriado.

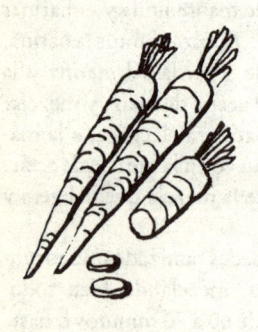

Pastel de trigo dorado

La hora del té..., el momento de charlar, de reposar y degustar este pastel de trigo dorado.

1/2 t. de mantequilla sin sal
1 t. de azúcar terciada
2 huevos
1 c. de té de vainilla o de agua de azahar
2 t. de harina de repostería, de trigo integral
2 c. de té de polvos para pasta (levadura)
2/3 t. de yogur natural, estilo balkán

Hacer una crema con la mantequilla y el azúcar. Añadir los huevos, de uno en uno; batir bien después de cada adición, hasta obtener una consistencia ligera y cremosa.

Tamizar, juntos, harina y polvos para pasta, añadiéndolos alternativamente a la mezcla con el yogur, terminando por la harina.

Untar bien con mantequilla y enharinar un molde de pan estrecho, de unos 22 × 8 cm. Cocer a 180° C, aproximadamente 1 hora o hasta que un palillo pinchado en el centro salga limpio.

Pastel de cerezas frescas

Depositar 1 t. de cerezas frescas, enharinadas, en la mezcla antes de verterla en el molde.
Servir con batido de fresas y mantequilla (pág. 236).
Salen 6 tajadas espesas.

Mantequilla de fresas

140 gr. de mantequilla sin sal
1/4 t. de fresas frescas, finamente picadas
2 c. soperas de miel líquida, sin pasteurizar

En una batidora eléctrica, batir la mantequilla a punto de crema, añadir por la abertura superior la miel y las fresas y batirlo todo junto hasta la obtención de una mantequilla rosa y cremosa.
Sale 1 taza.

Pan de té, con plátanos, de la abuelita

Este pan es bueno para subirse a los árboles.

1/2 t. de mantequilla sin sal
1 t. de azúcar terciada
2 huevos
2 grandes plátanos aplastados (1 t.)
1 3/4 t. de harina de repostería, de trigo integral, molida sobre piedra y tamizada
1 c. de té de bicarbonato de sosa
2 c. de té de polvos para pasta (levadura)
una pizca de sal marina
4 c. de té de crema ácida
1 c. de té de vainilla

Hacer una crema con la mantequilla y el azúcar, añadir los huevos y mezclar bien. Incorporar los plátanos destripados. Tamizar los ingredientes secos y añadirlos alternativamente a la mezcla, con la crema ácida y la vainilla. Batir hasta que la mezcla quede lisa.

Verter en un molde de pan estrecho, de 28 × 8 cm., untado de mantequilla y enharinado, y cocer a 180° C durante 50 minutos, o hasta que una aguja de media, pinchada en el centro, salga limpia.

Sale 1 pan.

Pastel «te quiero», de algarroba y nueces

Haga su elección: un pastel hecho con amor, rico en algarroba, nueces y granos integrales, adornado con fresas y crema recién batida, o un pastel instantáneo del supermercado con la superficie bañada en una capa sintética, coloreada.

3/4 t. de trozos de algarroba
1/2 t. de aceite de soja sin refinar
2 c. soperas de agua de manantial
1/2 t. de azúcar terciada
1 c. de té de agua de azahar o de vainilla
1 t. de harina de repostería, de trigo integral, molida sobre piedra y tamizada
1 c. de té de polvos para pasta (levadura)
1/4 t. de sal marina
2 huevos
1/2 t. de nueces de Grenoble, picadas

Aderezo

crema «Chantilly» (pág. 221)
8 fresas enteras, lavadas y con rabo
«fondue» de algarroba (pág. 244)

En una cacerola mediana, depositar los trozos de algarroba, verter el aceite y el agua; fundir la algarroba a fuego lento, removiendo constantemente con una cuchara de madera. Retirar del fuego, añadir el azúcar y la esencia de azahar o de vainilla; dejar enfriar la mezcla a la temperatura ambiente.

Colar harina, polvos para pasta y sal marina sobre la mezcla de algarroba, enfriada. Añadir los huevos y batir bien. Incorporar las nueces picadas. Verter en un molde cuadrado del 19 × 19 cm., untado de mantequilla y enharinado. Cocer a 160º C, de 40 a 45 minutos, o hasta que una aguja de media salga limpia después de haberla pinchado en el centro. Dejar enfriar en el molde y cortar en cuadrados.

Adornar la superficie de cada cuadro enfriado con crema «Chantilly» y colocar en la parte de arriba de cada trozo una fresa entera, cuya punta haya sido empapada en un almíbar de algarroba y miel.

Salen 8 raciones abundantes.

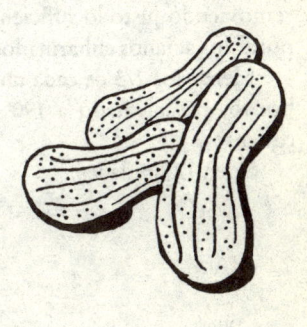

«Muffins» de acianos

Es julio, la recolección de los acianos, la estación de los buenos «muffins» caseros.

1 3/4 t. de harina blanca sin blanquear
3 1/2 c. de té de polvos para pasta (levadura)
1/2 c. de té de sal marina
1/4 t. de germen de trigo
1 huevo
3 c. soperas de miel no pasteurizada
1 1/4 t. de leche o de yogur natural
1/4 t. de mantequilla fundida o de aceite de soja sin refinar
3/4 t. de acianos envueltos en
2 c. soperas de harina blanca sin blanquear

Untar de mantequilla y enharinar 12 moldes de *muffins*. En un cuenco, tamizar harina, polvos para pasta y sal marina, y añadir el germen de trigo.

Batir con un tenedor el huevo, la leche o el yogur, la miel y añadir la mantequilla fundida. Unir con los ingredientes secos, removiendo justo lo suficiente para que éstos se empapen. Incorporar los acianos enharinados a la mezcla.

Llenar los 2/3 de cada uno de los moldes preparados. Cocer al horno, precalentado a 190° C, hasta que estén dorados. Servir calientes.

Salen 12 unidades.

Budín de arroz moreno

3/4 t. de arroz moreno, redondo, crudo (preferentemente orgánico)
1 1/2 t. de agua de manantial
2 t. de leche integral
1 t. de crema suave o mitad y mitad
3 huevos
1/4 t. de azúcar terciada
1/2 t. de pasas de Esmirna
1/2 c. de té de sal marina
una pizca de nuez moscada

Poner a remojar el arroz crudo en el agua de manantial durante 30 minutos, verterlo en una cacerola mediana, esperar a que hierva, cubrir y cocer a fuego lento 45 minutos; apagar el fuego y dejar orear los granos 10 minutos.

En un cuenco mediano, batir juntos la leche, la crema y los huevos, añadir el arroz cocido, el azúcar, las pasas, la sal y la nuez moscada.

Depositar la mezcla en una gran fuente rectangular untada de mantequilla; cocer al horno, precalentado a 160º C, durante 1 1/4 horas o hasta que la hoja de un cuchillo introducida en el centro salga limpia. Servir caliente o frío con almíbar de arce o crema fresca.

Salen 6 raciones.

La mejor crema del mundo
(la crema helada)

El sol que ilumina las ramas heladas en invierno espera con ansiedad brillar sobre las flores perfumadas en verano.

2/3 t. de crema mitad y mitad
1/3 t. de nata fresca (17 por 100)
6 yemas de huevo
1/2 t. de azúcar terciada
1 t. y 2 c. soperas de natillas
1/2 t. de azúcar terciada
1 barrita de vainilla
4 c. soperas de mantequilla sin sal
1/2 c. de té de extracto de vainilla pura

En una cacerola de fondo grueso, poner a hervir la nata fresca y la crema mitad y mitad; enfriar en el congelador algunos minutos, sin que llegue a helarse.

Hacer una crema con las yemas y el azúcar, batiendo hasta que la mezcla quede pálida.

En una cacerola mediana, remover a mano con un batidor metálico la crema espesa y el azúcar; añadir la barrita de vainilla, poner a hervir lentamente batiendo sin cesar, añadir la nata suave, fría, y remover bien.

Verter la mitad de la mezcla de crema en un cuenco, e incorporar la mezcla de huevos en la cacerola con la otra mitad de la crema; batir crema y huevos, y cocer por debajo del punto de ebullición. Retirar del fuego, añadir la mantequilla y colocar la base de la cacerola en un baño de agua fría. Enfriar e incorporar el resto de la crema. Pasar ésta a través de un tamiz, añadir la vainilla y verter en un aparato para helado; seguir las indicaciones del fabricante.

Da para 200 ml.

Helado de algarroba

Añadir 1/4 t. de trozos de algarroba a la nata fresca y a la crema mitad y mitad; poner a hervir. Seguir las mismas indicaciones que en el procedimiento de la crema de vainilla.

Helado de arce y nueces

Reemplazar azúcar terciada por azúcar de arce, e incorporar 1 t. de nueces de Grenoble o de pacanas picadas y tostadas con la vainilla. Realizar según indique el fabricante.

Helados del domingo

En un vaso abombado, colocar dos bolas de crema helada, a elegir, adornar con almíbar de arce, con natillas y con una cereza fresca.

Carrusel de frutas con algarroba

Este carrusel es como la vida: cuanto más se paladea, más gusta.

frutas frescas: piña, papaya, naranjas, manzanas, fresas, plátanos, peras, melocotones, uvas.

«Fondue» de algarroba

1/4 kg. de trozos de algarroba
1/4 t. de nata fresca
1 c. sopera de agua de azahar
1/2 t. de miel cremosa, no pasteurizada

Poner en remojo las manzanas, plátanos y peras en un cuenco de agua de limón, para impedir que las frutas se ennegrezcan.

En un pequeño baño de María, derretir la algarroba con la nata, removiendo con una cuchara de madera. Cuando la algarroba esté completamente derretida, retirar del fuego y añadir la miel y el agua de azahar. Verter la mezcla cremosa sobre un plato de *fondue* y tenerlo al calor sobre un infiernillo de alcohol o sobre una bujía.

Disponer en torno a la *fondue* de algarroba pequeños cuencos llenos de frutas frescas, cubitos de pastel, trozos de coco, almendras tostadas y granola casera. Con ayuda de un tenedor especial o de un pinchito de madera, empapar las frutas y los pasteles secos en el almíbar de algarroba, caliente, y enrollarlo a continuación en vuestra mezcla preferida de almendras, coco, granola, etc.

También pueden mojarse los cubos de frutas en la algarroba derretida y disponerse sobre pinchitos de mandera (2 frutas por pincho).

Cortar una piña en cuartos, con ayuda de un cuchillo bien afilado; dividir cada cuarto en cubitos. Ensartar los cubos de piña con los pinchitos; servir un cuarto de piña por persona.

Salen 6 raciones.

Capítulo VII
Una casa canadiense que le desea Feliz Navidad, a lo vegetariano

Las mejores Navidades de todas son aquellas que siguen la tradición año tras año.

Durante las fiestas, me gusta sentir cómo perfuma mi casa el espíritu de esas fechas. Son unos días en que la familia y los amigos se reúnen para celebrar y para fabricar los adornos para el árbol que asciende hacia el techo ocupando todo un rincón del salón.

Los juguetes decorativos del árbol son mujerucas, hombrecillos, caballos, campanas, e incluso camellos de jenjibre, recortados con instrumentos caseros y decorados a mano.

Con las canastas de «poinsetties», velas encendidas, la nieve bailando en la ventana, la música de los momentos mágicos y los calcetines colgados, la casa resplandece de alegría.

En los días de Navidad, la cocina viene a ser el centro de las principales actividades: se preparan las galletas con el placer de las tradiciones del pasado. (¡Mi marido me ayuda a veces a prepararlas y mi mayor alegría es verle trabajar!)

Y aquí tenemos todo lo que se prepara de bueno para poner en la mesa de la cena de Nochebuena. Aquellos que piensan hartarse del pavo tradicional pueden dejarse embriagar por el perfume que se desprende de los inmensos champiñones rellenos. ¿Le gusta la buena mesa? Déjese tentar por el «pâté» de lentejas con corteza. Seguramente no hay que olvidar las bayas dulces, pero en esta ocasión van azucaradas con miel y rellenando cestas de naranjas.

Un gran pan de trigo integral guarnece una tabla de madera; a su lado se depositará el cuchillo, para que los invitados disfruten del placer de cortarlo. Siempre contamos con la ensalada verde (la ensalada romana «chef» es la más aclamada), y una posibilidad de elección entre arroz cocido al horno, patatas en puré y salsa de tomates, de champiñones y de vino. (Llegado este momento, sus invitados ya se habrán olvidado de la clásica ave dorada.) Para coronar el festín, el pastel campestre de limón (que me hace soñar y me trae a la memoria un pequeño campo, un paseo en calesa después de la misa de medianoche, bajo el cielo que aparece vestido con miles de diamantes).

Todo ello adorna la mesa del comedor; cada servilleta se ve alegrada por una rama natural de abeto o de acebo.

A continuación, se intercambian los regalos. A menudo, yo fabrico los míos (pasteles, tartas, galletas, ramilletes de especias, «pot-pourri»), porque, para mí, no hay nada como ofrecer algo que se ha hecho con las propias manos.

Para terminar, se dan gracias al Creador por habernos reunido a todos, se da paso a los abrazos y se aprovechan las pocas fuerzas que nos quedan para irse a acostar.

Menú para la cena de Nochebuena *

Un gran cesto de frutas
Ensalada romana «chef»
Champiñones rellenos (con cuscús de trigo de hierbas)
«Pâté» de lentejas con corteza
Salsa de champiñones y vino del epicúreo
Salsa de bayas dulces y miel
Arroz al horno (cereal oriental)
Pastel campestre de limón
Pastelitos secos ingleses
Monigotes de jenjibre
Té de frutas o café de cereales, con
una barrita de canela

---

* Menú basado en la dieta del método armonista de Raymond Dextreit.

«Pâté» de lentejas con corteza

Una empanada vegetariana para la Navidad de la edad moderna.

pasta hojaldrada de trigo integral (pág. 147)
«pâté» de lentejas, mitad de la receta (pág. 128)
1 yema de huevo, batida con 1 c. sopera de leche integral

Utilizar el mismo procedimiento que en la receta del *pâté*.

Después de preparada la pasta hojaldrada y haberla enfriado al menos 1 hora, estirarla afinándola hasta 1/2 cm. de espesor sobre una placa enharinada, en un rectángulo que exceda la anchura y la longitud de un molde de pan estrecho, de 22 × 8 cm.* Depositar la pasta en el molde untado de mantequilla y llenarla de *pâté* de lentejas. Poner algunas pellas de mantequilla sobre el *pâté*. Extender el resto de la pasta sobre la mezcla, amoldar y pegar juntos los bordes de los lados y decorar la parte de arriba de la pasta con 2 estrellas, 2 flores o el motivo preferido de la cocinera o cocinero.

Barnizar la superficie del *pâté* con una mezcla de leche y yema de huevo. Cocer en un horno, precalentado a 180° C, durante 50 minutos, o hasta que la pata esté bien dorada. Servir con una salsa picante de tomates y adornar la parte superior del *pâté* con briznas de perejil fresco. Cuando esté dispuesto para servirlo, decorar el contorno de la fuente con naranjas-cestita y con bayas dulces (pág. 252).

Salen 6 raciones.

---

* A falta de este molde, extender la pasta hojaldrada y deslizarla sobre un molde de tarta ordinario. Seguir las mismas indicaciones para el resto de la receta.

Champiñones rellenos

Un relleno de corrusquitos de pan, perfumados con cebolla, ajo, apio y tomillo, que se deposita en inmensos champiñones que cuecen seguidamente en un baño de caldo.

24 champiñones gigantes
6 c. soperas de mantequilla sin sal
2 dientes de ajo, machacados
1/4 c. de té de tomillo
1 cebolla mediana, picada
3 ramitas de apio, picadas (tallo y hojas)
1 huevo
1 c. sopera de perejil
1/8 c. de té de mejorana
1/8 c. de té de orégano
sal marina
3 t. de cubitos de pan de trigo integral
1 t. de caldo de legumbres (1 cubo de concentrado de caldo de legumbres, salado, disuelto en 1 t. de agua caliente)

Lavar los champiñones y extraer la base; si la cavidad no es lo bastante profunda para ser rellenada, ahuecar ligeramente con una cuchara. Fundir 2 c. soperas de mantequilla en un gran perol; añadir un diente de ajo y el tomillo y volver a poner los sombreretes de los champiñones; saltear algunos minutos, agitando el perol.

En otro perol, añadir el resto de la mantequilla con el ajo, las hierbas, la cebolla, el apio y las bases de los champiñones, picadas. Saltear hasta que las cebollas queden transparentes. Añadir los cubos de pan y salar libremente. Cocer la mezcla hasta que el pan haya absorbido la mantequilla, retirar del fuego, enfriar e incorporar el huevo. Rellenar los champiñones con la mezcla preparada: utilizar el equivalente a una cuchara sopera colmada de champiñón.

Untar de mantequilla una gran fuente con tapadera y disponer los sombreretes rellenos en una sola fila. Verter justamente el caldo necesario para que la base de los sombreros rellenos repose en el líquido.

Cubrir y cocer, a 180º C, durante 50 minutos. Servir caliente.

Salen 8 raciones.

Salsa de bayas dulces y miel

Acompaña tus «pâtés» con esta mezcla de bayas naturalmente azucaradas y zumo de frutos de naranjo.

1/2 kg. de bayas dulces, enteras
2 t. de miel de flores de azahar, no pasteurizada
el zumo de media naranja
agua de manantial
2 c. soperas de copos o de polvo de agar-agar *

En una gran cacerola, echar las bayas dulces, la miel y el zumo de 1/2 naranja con agua suficiente para que dé 1 1/2 t. de líquido; calentar éste a fuego lento, rociar con copos de agar-agar, remover y dejar rehogar durante 5 minutos o hasta que las bayas estallen.

Dejar enfriar a la temperatura ambiente; refrigerar de 1 1/2 a 2 horas antes de servir.

Para rellenar las naranjas-cestas, cortar las naranjas en dos, dentando los bordes con ayuda de un cuchillo; vaciar cada mitad con una cuchara al efecto.

Con ayuda de una cuchara especial de helados, llenar cada naranja preparada con las bayas dulces impregnadas en jalea de naranja.

* Gelatina natural de algas desecadas; se encuentra en ciertas tiendas de alimentación

Salsa de champiñones y vino del epicúreo

Estos pequeños champiñones ocupan un destacado lugar en este caldero.

- 1 c. sopera de mantequilla sin sal
- 2 cebollas cortadas en rodajas
- 2 t. de champiñones frescos, troceados
- 1 t. de vino blanco seco
- 1 cubo de concentrado de caldo de legumbres, salado, disuelto en 1 t. de agua de manantial
- 2 c. soperas de mantequilla sin sal
- 4 c. soperas de harina blanca sin blanquear

En un gran perol, fundir la mantequilla, añadir las cebollas y cocerlas hasta que estén transparentes. Añadir los champiñones y cocer 2 minutos. Verter el vino y el caldo de legumbres, removiendo con un batidor metálico. Bajar el fuego y cocer a fuego lento durante 10 minutos.

Preparar una masa de mantequilla, fundiendo ésta y añadiendo la harina, incorporar 3 c. soperas de esta mantequilla a la salsa y cocer, removiendo con un batidor hasta que la salsa espese.

Servir con un *pâté* de lentejas o con albóndigas de nueces.

Pastel campestre de limón

Cuando cueza este pastel «cascaroso», no se sorprenda si ve elevarse de su horno un enorme limonero.

7/8 t. de harina de repostería de trigo integral, molida sobre piedra
1 3/4 c. de té de polvos para pasta (levadura)
1/4 c. de té de bicarbonato de sosa
1/2 c. de té de sal marina
1 c. de té de cáscara de limón
1/2 t. de azúcar Barbados, o azúcar terciada
1/3 t. de mantequilla sin sal
2 huevos
1/2 t. de yogur natural, estilo balkán *
1 t. de pasas de Esmirna, enharinadas en 1/3 t. de harina de repostería de trigo integral
almíbar: 1/4 t. de azúcar de Barbados, o de azúcar terciada
  2 c. soperas de zumo de limón fresco
rodajas de limón

Hacer una crema con la mantequilla y el azúcar y añadir los huevos; batir hasta la obtención de una consistencia cremosa y ligera. Añadir alternativamente a la mezcla cremosa el yogur y los ingredientes secos. Incorporar las pasas enharinadas y la cáscara de limón. Verter la mezcla en un molde estrecho, de 22 × 8 cm., untado de mantequilla y enharinado.

Cocer al horno, a 160º C, 1 1/4 horas, o hasta que una aguja de media introducida en el centro salga limpia. Hacia el fin de la

---
* Yogur casero o «Astro».

cocción, preparar el almíbar: mezclar azúcar y zumo de limón y calentar a fuego lento a fin de que el azúcar se disuelva. Retirar el pastel del horno y pincharlo hasta 3/4 con una aguja fina. Verter el almíbar uniformemente; dejar enfriar en el molde, y después sacarlo de éste poniéndolo sobre una bandeja; adornar el pastel con finas rodajas de limón. Servir en rebanadas con mantequilla batida.

Salen 6 raciones.

Pastas inglesas

Cuando papá Noel venga a tomar el té a medianoche, déle estas pastitas, y seguro que volverá todos los años.

1 t. de mantequilla sin sal
una pizca de sal marina
1/2 t. de azúcar terciada
1 1/4 t. de harina blanca sin blanquear
1 t. de harina de arroz moreno
cerezas cortadas a la mitad

Con ayuda de una cuchara de madera, hacer una crema con la mantequilla, añadiendo la sal y el azúcar y batiendo hasta obtener una consistencia cremosa y ligera. Tamizar las dos harinas sobre la mezcla y remover bien. Batir algunos instantes. Enrollar la pasta en una bola, envolverla en papel encerado y refrigerar durante 30 minutos.

Sobre una superficie enharinada, estirar la pasta hasta que tenga 1/2 cm. de espesor y tallar círculos en ella. Cocer sobre una placa engrasada y enharinada, en un horno precalentado a 150º C, de 15 a 20 minutos, o hasta que estén firmes al tacto. Utilizar diferentes sacabocados para festejar ocasiones diversas.

Pastitas de fresas

Hacer en la pasta círculos de 10 cm.; guardar la mitad de ellos para cortar un círculo de 5 cm. en el centro de cada uno de los de 10. El círculo entero formará la base de la galleta y el otro la parte de arriba.

Adornar la base de la galleta con confitura de fresas casera, hasta 1/2 cm. del borde. Depositar el círculo agujereado sobre la superficie confitada. Presionar ligeramente los bordes, juntos. Cocer hasta que las pastitas estén firmes al tacto y ligeramente doradas. Dejar enfriar y conservar en recipientes herméticos de metal o de vidrio.

Con ocasión de San Valentín

Recortar corazones en lugar de círculos. Es bonito, es bueno y proporciona calor al corazón.

Monigotes de jenjibre

Los monigotes de jenjibre: una tradición de Navidad y una sonrisa en el rostro del niño al que se le ofrecen.

1/2 t. y 2 c. de té de mantequilla blanda
1/2 t. de azúcar de Barbados, o azúcar terciada
2 c. soperas de melaza «Black Strap»
1 c. sopera de miel líquida, no pasteurizada
1 huevo
2 7/8 t. de harina de repostería, de trigo integral, molida sobre piedra y tamizada
1 1/2 t. de jenjibre molido
2 c. de té de canela
1/2 c. de té de clavo
2 c. de té de bicarbonato de sosa
pasas, nueces (para decorar)

Calentar el horno a 180° C. Engrasar dos placas de galletas con 2 c. de té de mantequilla.

En un cuenco mediano, hacer una crema con 1/2 t. de mantequilla y el azúcar, batiendo hasta obtener una consistencia lisa; añadir la melaza y la miel, y después el huevo.

Tamizar los ingredientes secos e incorporarlos a la mezcla cremosa. Batir la pasta hasta que quede lisa. Formar una bola y refrigerarla, en un papel encerado, durante 30 minutos.

Estirar la pasta hasta conseguir un espesor de 1/2 cm., cortar y decorar los monigotes; por ejemplo, utilizar pasas de Corinto para los ojos, un trocito de nuez para la nariz y la boca, y pasas o avellanas para los botones.

Disponer los monigotes sobre una placa untada de mantequilla y enharinada; cocer de 10 a 12 minutos, hasta que queden consistentes al tacto. Comerlos o colgarlos del árbol navideño.

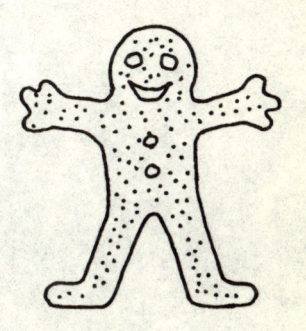

Cuanto más se aferra uno a su estrella, más se aproxima a ella.

Tabla de equivalencias

Peso

1 kilogramo (kg. o kilo) = 1.000 gramos (gr.) = poco más de 2 libras
100 gr. = poco menos de 1/4 de libra
250 gr. = poco más de 1/2 libra
500 gr. = poco más de 1 libra

Volumen

1 litro (l.) = 1.000 mililitros (ml.) = 4 tazas, aproximadamente
500 ml. = aproximadamente 2 tazas
250 ml. = aproximadamente 1 taza
125 ml. = aproximadamente 1/2 taza
 75 ml. = aproximadamente 1/3 de taza
 60 ml. = aproximadamente 1/4 de taza
 15 ml. = 1 cucharada sopera
  4 ml. = 1 cucharadita de té
  2 ml. = 1/2 cucharadita de té
  1 ml. = 1/4 cucharadita de té

Temperatura

Grados Celsius (°C)	Grados Fahrenheit (°F)
100	200
120	250
140	275
150	300
160	325
180	350
190	375
200	400
220	425
230	450
240	475
260	500
270	525
290	550

Indice

Agradecimientos 7

Prefacio 9

Prólogo 11

La revolución de los rábanos 13

   I. El pan de hoy con el gusto de ayer 17

  II. El planeta de las hojas verdes 47

 III. La era de las legumbres de la tierra 81

 IV. Cereales de todo el mundo 173

  V. La generación del yogur 195

 VI. El té para dos 211

VII. Una casa canadiense que le desea Feliz Navidad, a lo vegetariano 245

    Tabla de equivalencias 262

    Indice general 264

Indice general

Aguacates:
Huevos rellenos «México», *148*
Limonada de aguacate, *80*
Salsita de aguacates, *76*
«Sandwich» de tomates, aguacates y alfalfa germinada, *140*
Albóndigas de espinacas, *163, 164*
Albóndigas de nueces y salsa de queso, *125, 126*
Alcachofas:
«Soufflé» de corazones del jardín, *152, 153, 154*
Fiambre de tomates y limonada de eneldo, *203, 204*
Alioli (mayonesa superespesa de ajo), *74*
Arroz y guisantes Buda, *186, 187*

Bagels gigantes, *32, 33*
Baño de queso a la crema y miel, *234*
Bebidas:
Bebida de la nueva era, *241*
Energía de fresas, *205*
Sueño de melocotones, *206*
Berenjenas:
Berenjenas rellenas para mis amigos, *106*
«Moussaka» con buenas vibraciones, *107, 108*
Pisto a mi manera, *104, 105*
Brécol:
Crema de brécol, *90*
Bol de arroz del yogui, *182*
Brioches «Chelsea» con azúcar y especias, *36, 37*
Budín de pan y pasas, *41, 42*
Budín de arroz moreno, *241*
«Bulghur» en estado puro, *179*

Calabacines:
Calabacines y espaguetis, *165, 166*
Calabacines y zanahorias salteados, con cebada mondada, *189*
Caldereta de habas al horno, *133, 134*
Carámbanos de fresas, *205*
Cartas azucaradas («crêpes» de manzana), *223, 224*
Carrusel de frutas con algarroba, *244*
Cebollas:
Pastel Manon, de cebollas, *143, 144*
Pastel del naturista, *145, 146*
Patatas y cebollas en sobres, *115*
Sopa de cebolla al gratin, *87, 88*
Cereales:
Arroz y guisantes Buda, *186, 187*
Bol de arroz del yogui, *182*
«Bulghur» en estado puro, *179*
Calabacines y zanahorias salteados con cebada mondada, *189*
Cereal oriental, *183, 184*
Cuscús natural, *176*
Crema de trigo, *191*
Granola de albaricoques y piña, *192, 193*
Legumbres verdes y arroz de la tierra, *185*
Paella «¡Olé!»/gumbres, *188*
Pimientos y tomates rellenos de cuscús de Arabia, *177, 178*
«Porridge» del duende vegetariano, *190*
«Tabboulé», *180, 181*
Colifor rubia con cebollas, *109*
Confitura de fresas del hada de los bosques, *46*
Corruscos de hierbas, *54*
Crema de semillas de tomates maduros, *92*

264

Crema «Chantilly», *221, 222*
— de brécol, *90*
— de guisantes frescos, *91*
— de trigo, *191*
Crema helada:
  Helado de algarroba, *243*
  Helado de arce y de nueces, *243*
  Helados del domingo, *243*
  La mejor crema del mundo, *242, 243*
«Crêpes»:
Cartas azucaradas («crêpes» de manzana), *223, 224*
— 5 granos, de suero, *43*
— de acianos, *44*
— de espinacas, *113, 114*
Cuadrados de dátiles, *220*
Cuscús natural, *176*

«Challah», *25, 26*
Champiñones:
  Champiñones rellenos, *250, 251*
  Salsa de champiñones y vino del epicúreo, *253*
  Salsa de tomates y champiñones, *156*
  Supremo de champiñones, almendrado, *97, 98*
«Cheesecake» de mamá, con piñas, *231, 232*
«Chowder» de legumbres y de queso «Cheddar», *94*

Endibias asadas, *110, 111*
Energía de fresas, *205*
Ensaladas:
  Ensalada de col en «sandwich», *138*
  — de col y dos tubérculos, *55*
  — de frutas excéntricas, *67*
  — de garbanzos y habas verdes, *65*
  — del artista, *50*
  — macedonia rusa, *63*
  — mexicana de macarrones, *66*

  Ensalada «pic-nic» sin «bichitos» (ensalada de patatas), *56*
  — Popeye de espinacas, *53*
  — primavera del Oriente, *61*
  — romana «chef», *52*
  — de tomates a la indiana, *57*
  — de zanahorias, *59*
  Huracán tropical, *69*
  Melones sensación, *70*
  Pepinos «Marrakesh», *202*
  Pepinos y tomates al natural, *58*
  Salsa de maíz, *60*
Espinacas:
  Albóndigas de espinacas, *163, 164*
  «Crêpes» de espinacas, *113, 114*
  Ensalada Popeye de espinacas, *53*
  Pasta verde, *159*
Espuma de fresas, *221, 222*

Falafel y pita, *131, 132*
«Fettucini» con champiñones y espinacas, *160*
«Fettucini» madre naturaleza, *161, 162*
«Fondue» de algarroba, *244*
Frutos frescos bajo la nieve, *207*

Galletas:
  — de arce y nueces, *217*
  — de avena, *215*
  — de pasas de algarroba, *217*
  — de trozos de algarrobas, *216*
  — para un día de lluvia, *216, 217*
Monigotes de jenjibre, *258, 259*
Pastitas de fresa, *256, 257*
Pastitas inglesas, *256, 257*
Gazpacho termo, *86*
Granola de albaricoques y piña, *192, 193*

Habas germinadas:
  Ensalada de col en sandwich, *138*
  Habas y semillas en brotes, *64*
  Verduras y arroz de la tierra, *185*

Hamburguesas:
    Albóndigas de nueces con salsa de queso, *125, 126*
    Hamburguesa vegetariana, *121, 122*
    Las hamburguesas del sol, *123, 124*
Huevos:
    Huevos rellenos México, *148*
    Huevos sobre pan a la brasa, con cari de la India, *149, 150*
    Nube de huevos para dos, *151*
    Pastas de huevo caseras, *157, 158*
    Pastel de legumbres, *145, 146*
    Pastel del naturista, *145, 146*
    Pastel Manon, de cebollas, *143, 144*
    «Soufflé» de corazones del jardín, *152, 153, 154*
Huracán tropical, *69*

Leguminosas:
    Albóndigas de nueces con salsa de queso, *125, 126*
    Arroz y guisantes Buda, *186, 187*
    Caldereta de habas al horno, *133, 134*
    Ensalada de garbanzos y de habas verdes, *65*
    Falafel y pita, *131, 132*
    Habas y granos en brotes, *64*
    Hamburguesa vegetariana, *121, 122*
    Las hamburguesas del sol, *123, 124*
    Mantillo, *77*
    «Pâté» chino de lentejas y maíz, *130*
    «Pâté» de lentejas, *128, 129*
    «Pâté» de lentejas con corteza, *249*
    Sopa criolla de lentejas, *95, 96*
    «Tabboulé», *180, 181*
    Tacos de fríjoles refritos, *135, 136*
Limonadas:
    – «chef», *78*
    – de aguacate, *80*
    – de eneldo, *203, 204*
    – de lima, *67, 68*
    – de tamari, *61, 62*
    – Diosa verde, *79*

Macarrones con queso gratinado, *167, 168*
Marinada de finas hierbas, *101*
Mantequilla:
    a la canela, *36*
    de cacahuetes, *45*
    de finas hierbas, *54*
    de fresas, *236*
Mantillo, *77*
Mayonesa (la auténtica), *73*
Melones sensación, *70*
Mezcla de trigos, *22*
«Moussaka» con buenas vibraciones, *107, 108*
«Muffins» de acianos, *240*
«Muffins» de salvado para los enamorados del yogur, *208, 209*

Nube de huevos para dos, *151*
Nueces:
    Mantequilla de cacahuetes, *45*
    Albóndigas de nueces con salsa de queso, *125, 126*

Paella «¡Olé!» gumbres, *188*
Panes:
    «Bagels» de cebolla, *33*
    «Bagels» gigantes, *32, 33*
    «Brioches Chelsea» con azúcar y especias, *36, 37*
    Pan de avena molida, *21*
    – de avena en maceta, *28, 29*
    – cebollas, *22*
    – dátiles y nueces, *39*
    – la amistad (pan francés), *30, 31*
    – maíz de los campos, *38*
    – miel y de frutas, *34, 35*
    – nueces, *22*
    – pasas, *21*
    – queso, *26*
    – té, con plátanos, de la abuelita, *237*
    – trigo 5 variedades, *20*

Panecillos de cruz (panes de Pascua), *37*
«Pumpernickel» negro, *23, 24*
Roscón de Navidad, con pasas, *27*
Pastas alimenticias:
    Albóndigas de espinacas, *163, 164*
    Calabacines y espaguetis, *165, 166*
    Ensalada mexicana de macarrones, *66*
    «Fettucini» con champiñones y espinacas, *160*
    «Fettucini» Madre Naturaleza, *161, 162*
    Macarrones gratinados con queso, *167, 168*
    Pasta hojaldrada de queso, *147*
    Pasta hojaldrada de trigo integral, *147*
    Pasta verde, *159*
    Pastas de huevo caseras, *157, 158*
    Pastas inglesas, *256, 257*
    Pastitas de fresas, *256, 257*
Pasteles:
    «Cheesecake» de mamá, con piña, *231, 232*
    Pan de té, con plátanos, de la abuelita, *237*
    Pastel campestre de limón, *254, 255*
    – de cerezas frescas, *235*
    – de trigo dorado, *235*
    – de zanahorias de mi jardín, *233, 234*
    – del naturista, *145, 146*
    – «Manon», de cebolla, *143, 144*
    – «te quiero», con algarroba y nueces, *238, 239*
Patatas:
    Ensalada «pic-nic» sin «bichitos» (ensalada de patatas), *56*
    Nube de huevos para dos, *151*
    Patatas «Brian» (patatas rellenas de queso), *117, 118*
    Patatas millonario, *116*

Patatas y cebollas en sobres, *115*
«Pâtés»:
    – chino de lentejas y maíz, *130*
    – de lentejas, *128, 129*
    – de lentejas con corteza, *249*
Pepinos:
    Pepinos «Marrakesh», *202*
    Pepinos y tomates al natural, *58*
Picatostes de manzana, *225*
Pimientos y tomates rellenos de cuscús de Arabia, *177, 178*
Pinchitos de verduras adobadas con finas hierbas, *101*
Pisto a mi manera, *104, 105*
«Pizza» romántica, *169, 170*
Platos de Navidad:
    Champiñones rellenos, *250, 251*
    Menú de la cena de Nochebuena, *248*
    Monigotes de jenjibre, *258, 259*
    Pastel campestre de limón, *254, 255*
    Pastas inglesas, *256, 257*
    Pastitas de fresa, *256, 257*
    «Pâté» de lentejas envuelto en corteza, *249*
    Salsa de bayas dulces y miel, *252*
    Salsa de champiñones y vino del epicúreo, *253*
Potaje de zanahorias de mercado, *89*
«Porridge» del duende vegetariano, *190*
«Pumpernickel» negro, *23, 24*

Queso:
    «Challah» de queso, *25, 26*
    Macarrones con queso, *167, 168*
    Patatas «Brian» (patatas rellenas de queso), *117, 118*
    Queso a la crema con pimiento rojo, *33*
    Queso de leche de la vida eterna, *199*
    Salsa bechamel de queso, *127*

Ralladura de pan de trigo integral, *40*

Ramilletes de especias, *112*
Roscón de Navidad, con pasas, *27*
Rulada suiza de legumbres, *141*

Salsas:
  Salsa de acianos, *44*
    — bechamel, *127*
    — bechamel de queso, *127*
    — de bayas dulces y miel, *252*
    — de cari de la India, *149, 150*
    — de champiñones y vino del epicúreo, *253*
    — a la crema, *161*
    — de manzana, *223, 224*
    — «Tahini», *131, 132*
    — de tomates frescos, *156*
Salsitas:
  Alioli, *74*
  Mantillo, *77*
  Salsita de aguacate, *76*
  Salsita verde prado y hortalizas crudas, *75*
«Sandwichs»:
  Ensalada de col en «sandwich», *138*
  Falafel y pita, *131, 132*
  Rulada suiza con legumbres, *141*
  «Sandwich» de tomate, aguacate y alfalfa germinada, *140*
  «Sandwich too much», *139*
  Submarino vegetariano, *171*
  Tacos de fríjoles refritos, *135, 136*
«Scones» escoceses de pasas, *218, 219*
Sopas:
  Chowder de legumbres y queso «Cheddar», *94*
  Crema de brécol, *90*
  Crema de guisantes frescos, *91*
  Crema de semillas de tomates maduros, *92*
  Gazpacho termo, *86*
  Potaje de zanahorias de mercado, *89*
  Sopa de lechuga y tallarines, *99*
  Sopa de cebolla al gratin, *87, 88*
  Nuestra sopa de legumbres, *93*

Sopa criolla de lentejas, *95, 96*
Supremo de champiñones almendrado, *97, 98*
  «Vichyssoise» de yogur, *200, 201*
«Soufflé» de corazones del jardín, *152, 153, 154*
Submarino vegetariano, *171*
Sueño de melocotones, *206*
«Sundaes» (helados) del domingo, *243*
Supremo de champiñones almendrado, *97, 98*

«Tabboulé», *180, 181*
Tacos de fríjoles refritos, *135, 136*
Tarrito de crema ácida con verdura, *119*
Tartas:
  Tarta de azúcar del país, *228*
    — de bayas (acianos), *229, 230*
    — de fresas y ruibarbo, *230*
    — de manzana, *226, 227*
    — de nectarinas, *227*
    — de yogur y fresas, *210*
«Tempura» de legumbres, *102, 103*
Tomates:
  Crema de semillas de tomates maduros, *92*
  Ensalada de tomates a la Indiana, *57*
  Fiambre de tomates y limonada de eneldo, *203, 204*
  Gazpacho termo, *86*
  Pepinos y tomates al natural, *58*
  Salsa de tomates frescos, *156*

Verduras y arroz de la tierra, *185*
«Vichyssoise» de yogur, *200, 201*

Yogures:
  Energía de fresas, *205*
  Fiambre de tomates y limonada de eneldo, *203, 204*
  Frutas frescas bajo la nieve, *207*
  «Muffins» de salvado para los enamorados del yogur, *208, 209*

Pepinos «Marrakesh», *202*
Queso con leche de la vida eterna, *199*
Sueño de melocotones, *206*
Tartitas de yogur y fresas, *210*
«Vichyssoise» de yogur, *200, 201*
Yogur a la menta, *70*
Yogur estilo balkán, *198*

Zanahorias:
   Ensalada de zanahorias, *59*
   Pastel de zanahorias de mi jardín, *233, 234*
   Potaje de zanahorias de mercado, *89*
   Zumo de frutas de la Vía Láctea, *71*